愛国という名の亡国

安田浩一
Yasuda Koichi

河出新書
010

まえがき

ちょうど10年前（2009年）のことだ。

蕨市（埼玉県）に約200名の自称・愛国者が集まり、「不法滞在者の排斥」を訴えながら街頭を練り歩いた。私が知る限り、自称・愛国者、つまりはレイシスト集団による、今世紀初めての大規模デモだった。

そのころ、同市内に住むフィリピン人一家が、「不法滞在」を理由に入国管理局から強制送還を迫られていた。デモは、それを後押しするために行われた。題して「フィリピン人一家追放・国民大行進」。参加者はこれを「愛国運動」だと自画自賛した。

いまふりかえっても、総毛立つような激情が体を貫く。胸の奥がざわざわと騒ぐ。背中の筋肉が強張る。

路上に参加者が手にした日章旗の波がうねった。罵声と怒声が響いた。

「追放せよ！」「出ていけ！」

デモ隊はフィリピン人一家の長女が通う中学校の前にも押し寄せた。

先導役のコーラーが叫んだ。「さあ、ここで怒りの声を上げましょう！」

参加者が一斉に唱和する。「不法滞在者を追放するぞ！」

このとき、当事者である13歳の少女は部活動のため、学校内に残っていたのである。彼女はどんな思いで、この罵声に耐えたのであろうか。

彼女はフィリピン人の両親のもと、日本で生まれ育った。送還処分が決まった際、「友達と離れたくない」と涙ながらに処分撤回の願いを訴えていた。

だからこそ、デモ隊はこの少女をターゲットにしたのだ。集団でひとりの中学生を吊し上げようとしたのだ。勝てると踏んだ相手に対しては、ますます居丈高になるのがレイシストの特徴である。

いや、これが「愛国者」のありのままの姿である。「愛国者」は社会に泥を塗りたくる。色彩豊かな風景をモノクロームに変える。

寛容とか不寛容といった問題ではない。

デモ参加者は何の罪もない少女に罵声を飛ばして勝手に盛り上がり、一家の排斥を唱え、入管の決定を称賛し、しかも「国民」などと銘打って、あたかもそれが日本社会の総意でもあるかのように訴えたのだ。

だが、この醜悪なデモは排外主義の流れに飛躍を促した。

後に、デモを主催した在特会（在日特権を許さない市民の会）の広報担当者は私の取材にこう答えている。

「あのデモがエポックだった。過去に例のない反響があり、会員が急増した」

実際、そのころから外国籍住民、なかでも在日コリアンの排斥を訴えるデモが毎週のように行われるようになった。差別と偏見に満ちたヘイトスピーチが、全国各地の路上に響き渡った。

一方、この動きを阻止しようと立ち上がる人々も増えてきた。レイシスト集団のデモの現場には、体を張って立ち向かう人々の姿が、いまもある。

これをメディアの一部は「社会の分断」だと評した。あるいは異なる意見の「ぶつかり合い」「対立」だと論じた。

本当にそうなのか——。正直、このようなわかったふうなもの言いにうんざりするのだ。分断線を引きたがっているのは、あなた方ではないのか。そう応答したくなる。

差別やヘイトスピーチがもたらすのは、圧倒的な被害だ。出自などの属性を理由に被害を受けなければならないのは、ただの理不尽としか言いようがない。

その被害をなくすために立ち上がることが、あるいは被害を受けた側が抗議することの、どこが「対立」なのか。一方的に分断線を引き、マイノリティを社会から排除しようと訴える側こそが、問題ではないか。「ぶつかり合って」いるわけでもない。社会的な力関係を背景として加害を繰り返す者たちに、抗議と抵抗を示すことは、分断ではなく、人としての正しさだ。真っ当な生き方だ。

そもそも出自を理由に差別をする側と、差別される側は対等な関係にない。そのような不均衡な状況では、対等な「けんか」だってあり得ない。加害者は「愛国」の旗を高く掲げ、排除の選別をしているだけだ。

私にとってこの10年間は、そうした風景の中にあえて飛び込み、もまれ、記録し、そして抗議の声をあげることだった。あるいは、まあまあ落ち着いてと、取り澄ました顔で行司役を務める者たちとの対立の時間でもあった。

いま、レイシスト集団によるデモは減りつつある。在特会にいたっては、もはやあるのかないのかわからないほどに、存在感は失墜した。醜悪な〝愛国運動〟が規模を縮小したことは歓迎したい。

だが、手放しでは喜べない。いや、むしろ事態は悪化しているのではないかとさえ思う。

結局、減ったのはワッペンを付けたわかりやすいレイシストだけではないのか。

週末にレイシスト集団の示威行動を路上で目にする機会は減っても、ヘイトスピーチは各所で飛び交っている。居酒屋で、喫茶店で、職場で、学校で、あるいは家庭の中で。そしてネット上で。

むしろこの数年間で、差別や偏見を煽る空気は、さらに濃度を高めている。しかも政治家や著名人が、それに加担する。

つまり、在特会などのわかりやすいレイシスト集団を必要としないほどに、日本社会の極右化が進んでいるようにも思えるのだ。

愛国のラッパが鳴り響く。敵を見つけろ、敵を追い出せ、敵を吊るせ、と。

本書はそうした「愛国」の風景と出会った私が、週刊誌や月刊誌、ネット媒体に発表した原稿を原資とし、新たに編み直して一冊にまとめたものだ。

押し付けられる「愛国」の空気に抗いながら、それでも私は、日本社会に希望を持っている。私が好きな人たちも、好きな言葉も、好きな景色も、この日本に存在する。だから、これ以上、壊されたくないのだ。亡くしたくないのだ。この社会を。この社会で暮らす人々を。

そうした思いを抱えながら、ひとつひとつの原稿を書き上げた。

なお初出原稿に基づき、取材に応じてくださった方々の一部の名前は敬称を略させていただいた。肩書き、年齢は原則、取材当時のものである。あらかじめご了承をいただきたい。

目次

第四章 時のなかの生 151

第五章

ヘイトの現在地 211

第一章

愛国という亡国

朝鮮総連銃撃事件――右翼とネトウヨの境界からのテロル

右翼と在特会の急接近

夜も明けきらぬ街に銃声が響き渡った。事件が起きたのは2018年2月23日午前4時ごろだった。

在日本朝鮮人総連合会（朝鮮総連）中央本部（東京都千代田区）に二人の男が車で乗り付けた。男らは車から降りると、正面門扉に向けて5発の銃弾を撃ち込んだ。

すぐさま警備中の機動隊員が駆け付け、男らはその場で逮捕された。

逮捕されたのは右翼活動家（56歳）と元暴力団員（46歳）である。拳銃を持っていたのは元暴力団員のほうだった。

二人は横浜市内のアパートで、共同生活を送っていた。事件後、アパートを訪ねると、ドアから顔をのぞかせたのは部屋の借主である別の右翼関係者だった。

「私は何も知らされていなかった。動機を含め、事件の詳細について話せることは何もない」

そう話す男性には見覚えがあった。ヘイトデモ（ヘイトスピーチをともなった示威活動）の現場で、何度か見かけたことがある。排外主義者の隊列に加わっていた男だ。

逮捕された右翼活動家に関しては、右翼という世界にあっては、よく知られた存在だった。かつては全日本愛国者団体会議（全愛会議）の幹部を務めていた。全愛会議は1959年に結成された右翼団体の横断組織である。それまで連携の乏しかった右翼団体の結束を図るもので、反共、再軍備、改憲といった共通の目標を掲げた。結成当時の幹部には、戦前に東京駅で濱口雄幸首相を襲撃した佐郷屋《さごうや》留雄《とめお》、大物総会屋として知られる西山廣喜などが名を連ねている。

右翼活動家は同会議の幹部となる以前より行動派右翼の陣営に加わり、1992年には天皇訪中に反対するため、火をつけたトラックで首相官邸への突入を図って逮捕されたこともある。

だが近年は、「在日特権を許さない市民の会」（在特会）をはじめとする排外主義団体に急接近、デモや街宣での〝共闘〟シーンが目立った。彼はヘイトデモ参加者から「教官」の愛称で慕われ、警察への対処法なども指導していた。そうしたことから、ヘイトスピーチに反対する市民団体からは「民族派」というよりも、ヘイト活動家として見られることが少なくなかった。実際、街頭では自ら「不逞鮮人どもの圧力に屈しない」などと聞くに耐えないヘイトスピーチを繰り返していた。

「どうせならば殺すくらいのことしないと」

また、2013年には在日コリアン集住地域である大阪・鶴橋でおこなわれたヘイトデモで、女子中学生が「南京大虐殺じゃなくて鶴橋大虐殺を実行しますよ！」と殺戮を扇動するようなスピーチをして世間に衝撃を与えたが、この中学生はこの活動家の娘だった。

当時、活動家は私に次のように答えている。

「(虐殺発言は)いちいち騒ぐような問題なのか。口で言うとるだけじゃないか」

右翼活動家が活動の拠点を関西から関東に移したのは2016年。全愛会議の幹部によると「しばらくは全愛会議系列の団体に属していたが、活動方針をめぐって団体を離脱し、個人として活動していた」という。

警視庁は「北朝鮮のミサイルに抗議するため」との供述を発表している。だが事件を単なる〝右翼の跳ねあがり〟によるものだとする捉え方だけでよいのか。

在日本朝鮮人人権協会の朴金優綺《パクキム・ウギ》氏は「背景にあるのは朝鮮敵視政策」だと指摘する。

「朝鮮学校を教科書無償化から排除するなどの公的差別を含め、国家ぐるみで敵愾心を煽《あお》っている。今後、在日コミュニティーや子どもたちにまで凶行が向けられないかと心配している」

例えば事件直後、ネット上には、事件が朝鮮総連の「やらせ」ではないかという書き込みが相次いだ。

〈どうせ朝鮮総連の自作自演に違いない〉

〈犯人の国籍をまずは調べろよ〉

〈マッチポンプ、ご苦労様〉

〈工作活動の一環かも。卑劣な日本人を演出するために〉

銃撃を受けた側の恐怖など、まるで考えていない。それどころか〈どうせならば殺すくらいのことしないと〉など、殺戮を望むような書き込みすら珍しくなかった。朝鮮学校に通う生徒が制服のチマチョゴリをカッターで裂かれる事件があった際、いっせいに「やらせ」だという声が上がったときと同じ構図が垣間見える。


一方、在特会関係者など排外主義団体の関係者たちは事件を「義挙」だと称えた。

事件翌日には早速、右翼活動家を慕うネトウヨ（ネット右翼）、排外主義グループが、「朝鮮総連はいますぐ北朝鮮に帰りやがれ！　街宣in朝鮮総連」なる街頭宣伝を事件現場近くでおこなった。

街宣では「今回はドア一枚で済んだかもしれないけど次々にやってくるかもしれませんよ」「火炎瓶を投げられて燃やされればいい」といった言葉が飛び交った。

冷笑と、称賛と。いずれにせよ醜悪に過ぎる。ヘイトクライムに対する危機感はまるでない。

国会議員によるヘイト発言

それは国会議員も同じだ。

事件のあった日、国会では自民党の山田賢司衆議院議員が、朝鮮大学で物理工学などが研究されているのは「国連安保理違反ではないのか」「わが国において、北朝鮮国籍者に労働許可を提供しないことをどのように担保しているのか」と質問、在日コリアンの反発を招いた。同議員は党の「ヘイトスピーチ対策等に関する検討プロジェクトチーム」の初会合（14年8月）でも、「国連にチンコロ（通報）しているのはどんな団体か。ほとんどが朝鮮総連など朝鮮系の団体だ」といったヘイト発言もしている。

そもそも事件当日である。政治的にどんな立ち位置にあろうと、まずは事件を深刻に捉えることからはじめなくてどうするのだ。

2017年8月、米シャーロッツビル（バージニア州）でレイシスト（差別主義者）による轢殺事件が起きた際、同州のテリー・マコーリフ知事は何と言ったか。

「差別主義者に伝えたいことがある。帰れ。恥を知れ。お前たちは愛国者のふりをするがそれは誤りだ。お前たちは今日人々を傷つけるためにここに来て、実行した。ここにもアメリカのどこにも、お前たちの居場所はない」

こうした言葉こそ、政治家にふさわしいものではないのか。そもそも「北朝鮮国籍」（実際は朝鮮籍）などという文言を用いるくらいの半可通を晒したのだから、山田議員は質問者としての資格すら疑わしい。

また、事件の少し前には国際政治学者の三浦瑠麗氏がテレビ番組で大阪には北朝鮮の「スリーパーセルがいるからヤバイ」と発言。在日コリアンへの差別を煽っていると批判を受けた。

三浦氏の発言中、テレビ画面には〈スリーパーセル　一般市民を装って潜伏している工作員やテロリスト〉と記されたテロップが流され、出演者らが「暗殺部隊が潜んでいる」などと発言する場面もあった。

その後、三浦氏は工作活動を示す根拠として阪神大震災時に「迫撃砲が発見されている」などとネットに書き込んだ。

まるで北朝鮮の工作員が、いや、在日コリアンが、一斉武装蜂起を企てているかのように受け止めた人も少なくなかっただろう。

しかし立憲民主党の有田芳生《よしふ》参院議員によると、「警察庁に問い合わせてみましたが、震災時に発見されたのは〝黒ずんだ迫撃弾〟で、しかも旧日本軍のものらしいとのことでした」。

民族派の矜持を失った右翼

このように日本社会の一部は、デマを動員してまで在日コリアン社会への差別扇動を繰り返しているのだ。

朝鮮総連への銃撃事件も、こうした流れに連なるものだ。

街頭で在日コリアンを「殺せ」とわめく隊列から、ついにテロ行為に手を染める者が出てきたのだ。

しかも、実行犯は右翼とネトウヨの境界をまたいで活動する人物だった。

在特会を始めとする差別主義者のネトウヨ集団が街頭デモを繰り返していた2013年頃、行動派右翼の多くは、これを冷ややかに見ていた。当時取材した右翼団体幹部の多くは、在特会について訊ねると眉をしかめ、「あんなのは右翼とは言えない」と漏らすのが常だった。

だが、いまはどうだろうか。ヘイトデモは小規模になったが、隊服姿の右翼団体員が並んで歩くような光景が目立つようになった。ヘイトデモに反対する人々に殴り掛かり、逮捕された右翼団体員もいる。実際、銃撃事件の犯人である活動家も、同様の事件で、拘留中に再逮捕されている。

もはや多くの右翼には、民族派としての矜持など見ることができない。ネトウヨと右翼の境界線はあまりにも曖昧だ。

そして、ヘイトクライムに甘い日本社会が浮き彫りになる。政治家が、評論家が、メディアが、憎悪と差別を煽る。

マイノリティに銃口が向けられても、多くの人が関心を示さない。

もうひとつ角を曲がれば、その先にあるのはジェノサイドと戦争だ。

付記　2018年10月、東京地裁は活動家に懲役7年、元暴力団員に懲役8年の実刑判決を言い渡した。

民衆とともにある「本物の右翼」はいるのか

右翼に襲撃された右翼

右翼団体「憂国我道会《ゆうこくがどうかい》」代表の山口祐二郎（34歳）が、別の右翼団体関係者から暴行を受けたのは2018年7月16日のことだ。背後から襲われ、頸部《けい》に全治2週間のケガを負った。

その経緯はこうだ。同日の午後、新橋駅（東京都港区）前のSL広場では、「拉致被害者奪還」を訴える団体の街宣活動がおこなわれていた。山口がそこに駆け付けたのは、右翼団体の街宣を〝監視〟し、活動が暴走したら、即座に抗議の声を上げるためだった。

実は、街宣の主宰者はヘイトデモの常連参加者でもあった。在日コリアンに対するヘイトスピーチを繰り返してきたことで知られる。

右翼でありながら、長きにわたって「反差別」の活動を続けてきた山口は、ヘイトスピーカーが主催する街宣を〝要警戒〟レベルにあると捉えていた。

「拉致問題の解決を訴えることじたいは何の問題もありません。しかしレイシスト集団は拉致問題を利用し、在日コリアンへの差別を扇動することが多い。それだけは絶対に許してはいけないと思いました」

　ここ最近、「レイシスト集団」の街宣に、右翼団体のメンバーが参加するケースが多いことも、山口の警戒心を高めていた。案の定、この日も隊服（右翼特有の戦闘服）に身を包んだ、明らかに右翼団体メンバーとわかる者たちの姿があった。

　山口が姿を見せると、街宣参加者は彼に向けて一斉に罵声を飛ばす。

「北朝鮮のスパイ！」

　山口がそれに反論しようとすると、警備の警察官が間に入った。と、その時である。山口は背中に激しい衝撃を感じた。首に激痛が走る。参加者のひとりが背後から体当たりしてきたのである。突進してきたのは隊服姿の右翼男性だった。

「おい、お前、いま殴っただろ？」

　山口が男に向かって叫ぶと「殴ったよ！　もっと殴ってやる！」と言い返してきた。

　警察官は何もせずに見ているだけだ。

　男はさらに吠《ほ》え続けた。

「オマエを排除することが愛国なんだよ！」

　右翼の威勢のよさに調子づいたのか、他の街宣参加者たちも山口に向けてさらに悪罵を浴びせる。

「帰れ、朝鮮人!」――
その後、山口は警視庁愛宕《あたご》署に被害届を提出。加害者はまだ特定できていないが、現在、同署が捜査中である。

マイノリティ差別を許さなかった野村秋介

山口は20代初めの頃から〝右翼の現場〟に身を置いてきた。かつては新右翼・統一戦線義勇軍に属し、防衛省庁舎に火炎瓶を投げつけて逮捕された経験も持つ。だが昨今は民族差別的な傾向を持つ右派・保守派への対決姿勢を強めている。同じ右翼であろうと、ヘイトスピーチを伴った街宣には激しく抗議することも躊躇《ためら》わない。

山口が言う。

「右翼だから、という理由だけでヘイトスピーチに寛容である必要は全くない」

なぜならば――と、山口は続ける。

「強権と対峙《たいじ》し、社会的に弱い立場にある人のために尽くすのが右翼の役割だと思うから」

民族派の重鎮として知られた野村秋介(故人)は、右翼を「民族の触角《しょっかく》」と表現していた。時代の危機を誰よりも素早く察知し、権力から民衆を守るために動くのが右翼なのだと説いた。

実際、野村は大資本には容赦なく闘いを挑んだが、マイノリティに対する差別は許さなかった。

山口は、そうした野村の姿勢にこそ、あるべき右翼の姿を見るという。それこそが「本物の右翼」なのだと訴える。

私はヘイトスピーチが吹き荒れる現場で、必死に抗議の声を上げる山口の姿を何度も目にしてきた。だからこそ、その信念には最大限の敬意を抱いているが、しかし一方で、山口が語る「本物の右翼」というものに、小さな疑問も感じざるを得ない。というのも、山口にしろ、あるいは野村秋介にしろ、その存在は、右翼という世界にあっては〝異端〟以外の何物でもないからだ。

私はこの数年間、差別と排外主義の現場を取材してきた。その過程で、少なくはない右翼関係者から「本物の右翼であれば、あんなことはしない」という言葉を聞いてきた。

だが、いま「本物の右翼」とレイシストに、どれほどの違いがあるというのか。差別的、排外的、攻撃的、といった点で両者の間に、ほとんど違いを見ることはできない。それどころか、ヘイトデモで、外国人を口汚く罵《ののし》るレイシストと隊服の右翼が並んで歩いている姿は珍しくない。ヘイトデモに抗議する者たちへ襲い掛かる右翼もいれば、右翼の街宣車に乗り込むレイシストもいる。共闘どころか、相互乗り入れだ。

敵対する者たちを「朝鮮人」と連呼しながら走り回る右翼の街宣車を目にしたとき、私が感じたのは「民族の触角」ならぬ、社会の空気に簡単に便乗する安直なポピュリズムだった。

少なくとも現代においては、これこそが「本物の右翼」の姿ではなかろうか。

根底には貧困を生み出すシステムへの反発

私は『「右翼」の戦後史』（講談社現代新書）で、右翼の足跡をたどりながら、右翼を利用し続けた日本の体制の在り方にも言及した。戦前の一時期まで、右翼の敵は「君側《くんそく》の奸《かん》」、つまりは権力の取り巻きだった。天皇絶対主義と暴力を背景に、右翼は権力ににらみを利かせた。それは結果的にファシズム体制の構築に手を貸すこととなったが、一方で運動の根底には貧困を生み出す社会システムへの反発が存在したことも確かなのだ。

昭和初期に起きた血盟団事件も、2・26事件も、端緒となったのは貧困への怒りだ。初発の力は涙と情だった。自由民権運動のなかから生まれた戦前右翼には、天皇を頂点としつつも「万民平等」の建前を捨てることはなかった。

ちなみに現代にあっては、生活保護受給者を罵倒したり、貧困を自己責任だと嘲笑するのは、多くが右派に属する者たちだ。それだけでもかつての右翼とは大違いである。

さて、第二次大戦後になると、それまでの右翼は壊滅状態に追いやられた。「神州不滅」の日本が敗れ、唯一絶対神であるはずの天皇が自ら神であることを否定し、「人間宣言」を発したのである。右翼にとっては心の支えを失ったに等しい。

さらにＧＨＱの占領政策によって右翼団体に解散指令が出た。終戦まで国内に存在した約３５０の右翼団体のほとんどが消滅し、約4万９０００人もの右翼関係者が公職追放された。

だが、右翼という存在そのものが消えてなくなったわけではない。焼け野原となった日本に、戦前の右翼とは違った系譜を持つ右翼団体が登場した。

復員軍人などを中心とするヤクザ系右翼である。敗戦による秩序の崩壊は、若者の一部に虚無感を与えた。拠《よ》り所をなくした者たちにとって、右翼という名の愚《ぐ》連隊《れんたい》は受け皿として機能した。彼らは主に共産党を標的に、数々の暴力事件を起こしていく。

敗戦から5年後の１９５０年には、右翼関係者も含む「追放解除」が開始された。これには「赤狩り」を進める米国の思惑も働いている。共産主義勢力に対抗するため、右派を〝防波堤〟として利用することを考えたのだ。これによって、地下で眠っていた右翼人士が息を吹き返した。

皇国史観に代わって右翼が大義に掲げたのは「反共」である。

51年2月8日、それまで横のつながりを持たなかった右翼団体は、初の統一大会である「祖国防衛懇談会」を開催した。これには赤尾敏、大村秀則、荒原朴水《ぼくすい》、津久井龍雄といった当時の大物右翼が参加した。この「祖国防衛懇談会」が、後に「大日本愛国団体連合・時局対策協議会」と名を変え、いまなお右翼の連合体として存続している。

「政・暴・右」のトライアングル

同時期、赤尾敏は「大日本愛国党」を結成。自主憲法制定、再軍備、共産党撲滅といった主張を街頭で訴えるようになる。

55年には行動右翼のパイオニアとも称される「防共挺身《ていしん》隊」が、設立された。母体となったのは福田素顕が主宰する「防共新聞社」だ。

赤尾も福田も、昭和初期までは社会主義者だった。両者をはじめ、この時代の右翼には社会主義者からの転向組が多いのも特徴だ。

ちなみに、街宣車で音楽を大音量で流しながら街を走るといった街宣スタイルを定着させたのは防共挺身隊だった。当初は蓄音機を街宣車に積み込み、三波春夫の「チャンチキおけさ」などの流行歌をスピーカーから流していたという。

ＧＨＱの追放解除で復活の機会を得た右翼だったが、これを利用しようとしたのは米側だけではない。

労働運動や革新勢力をつぶすことを目的に、「反共抜刀隊」なる物騒な団体を立ち上げようとしたのは、時の法務大臣・木村篤太郎《とくたろう》である。51年のことだった。

全国の博徒、テキヤ、愚連隊、右翼など約20万人を「反共」の旗の下に結集し、文字通りの暴力装置をつくろうとしたのだ。しかも木村は法の番人であるにもかかわらず、「賭博は現行犯以外は検挙させないようにする」といった〝エサ〟までちらつかせ、博徒を説得したのである。

結論を言えば、この構想は頓挫した。首相の吉田茂がストップをかけたのだ。吉田からすれば、さすがに政権与党が裏社会と表立って関わり合いを持つことは避けたかったのだろう。

だが、「反共抜刀隊」構想は、戦後の右翼を語るうえで大きなエポックともなった。構想実現に向けて話し合いが進められる過程で、それまで別個に活動していた右翼と暴力団、そして保守政治家が、ゆるやかに繋《つな》がったのだ。「政・暴・右」のトライアングルは、その後も水面下で共依存を続け、いつしか右翼という存在は国家権力を補完するための勢力ともなっていく。

60年代後半になると「反共」一辺倒の右翼とは違った、新たな潮流が生まれた。新左翼に対抗する右派学生運動である。日本学生会議、日本学生同盟、全国学生自治体連絡協議会などの学生団体が相次いで設立された。

これらはヤクザ化した既存右翼と距離を置き、「反共」よりも「反体制」を主張した。目指すべきは米国に追従するだけの戦後体制を打破することだった。

「既存の右翼には興味なかった。むしろ新左翼の連中から多くを学んだ」

当時、右派学生運動の幹部だった人物は、私の取材にそう答えている。実際、この元幹部は「昭和維新派」を名乗り、全共闘の隊列に加わったこともある。

安倍政権下の「右翼的な気分」

だが、全共闘運動が下火となると、右派学生運動も低迷する。先の元幹部は「新左翼あってこその右派学生運動だった」と述懐した。また、一部の右派学生運動家が心酔していた作家・三島由紀夫の〝クーデター未遂〟も、陣営に虚脱感を与える。自衛隊は三島の決起を呼び掛ける声に罵声で応えた。

世の中は簡単には動かない。多くが運動を離れていくなか、一部はさらに先鋭的な運動を目指し、別の一部は国家権力に寄り添い、草の根保守として地域活動に邁進《まいしん》した。前者はメディアによって「新右翼」と命名された。右派学生運動出身の鈴木邦男（75歳）が創設に関わった「一水会」などはその代表例である。そして後者は改憲運動の担い手となり、後に「日本会議」などの右派系団体設立に関わっていく。

戦後という時間を振り返ってみれば、右翼の多くは、常に国家権力の補完勢力として存在してきた。ときに政権与党に牙を剝《む》くことはあっても、前述の山口が言うような「社会的に弱い立場にある人のため」の行動ではなかった。

ネトウヨが跳梁跋扈《ちょうりょうばっこ》するいま、これまで右翼を名乗ってきた側の存在感は薄れるばかりだ。右翼が手にした日の丸から透けて見えるのは「反左翼」「アンチ隣国」にとどまった運動ばかりである。差別に反対する者に対し、「お前を排除することが愛国なんだよ」と叫んだという前述の右翼男性の言葉が象徴的だ。

右翼だけではない。ナショナルな空気が濃度を高めるなかで、けっして少なくない人々が「右翼的な気分」に流される。街宣車や隊服とも無縁だが、よりカジュアルな形で「愛国」を語る。それが安倍政治の現実的な姿なのだ。そこには社会の矛盾を引き受けることで足場を固めた、かつての右翼の心情を見ることは、まるでできない。

本土右翼が沖縄で反基地運動に奮戦中

「私は沖縄の美しい海を守りたい」

２０１７年夏、地元住民の反対にもかかわらず、高江（沖縄県東村）の米軍北部訓練場では新たにつくられたヘリパッドの運用が始まった。連日、米海兵隊のオスプレイが離着陸訓練を繰り返している。政府は敷地返還に伴う「負担軽減」を強調するが、新設されたヘリパッドはいずれも集落のすぐ近くだ。敷地返還と引き換えに地域が得たのは、耳をふさぎたくなるような騒音と事故のリスクである。いったいどこが「負担軽減」なのか。

しかも進入路などの周辺工事はまだ終わっていない。国内最大級の亜熱帯照葉樹林は、重機によって切り刻まれている。これを受け入れることのできない基地建設反対派の市民は連日、工事車両が出入りする通称「Ｎ１ゲート前」で座り込みを続けている。

その「Ｎ１ゲート」から１キロほど離れた、米軍北部訓練場の「メインゲート」。ひとりの女性が姿を見せた。

基地と道路の境界線を示す〝イエローライン〟ぎりぎりに仁王立ちする。

戦闘服に戦闘帽。黒い編み上げブーツ。そして白い手袋。脇に抱えているのは大型の拡声器。

右翼団体「花瑛塾《かえい》」（本部・東京都）の仲村之菊《みどり》（38歳）だった。

高江や辺野古（名護市）など、沖縄県内で基地建設反対運動がおこなわれている場所に、右翼団体が押し掛けるのは珍しいことではない。「非国民」「売国奴」などと反対運動の参加者を怒鳴り散らし、ときに「中国の工作員、反日朝鮮人」などと差別と偏見をむき出しにした言葉で罵《ののし》るのはおなじみの光景だ。街宣車で大音量の軍歌を流しながら威嚇を繰り返す右翼団体は、反対派の拠点であるテントを襲撃するなどして、逮捕者を出すこともある。

だが、彼女は違った。

反対派市民がひとりもいない場所で、米軍基地にトラメガを向けて、定例の街宣を始める。

「私の声に耳を傾けてください！」

そう切り出したとき、頭上をバタバタバタと独特の轟音《ごうおん》をまき散らしながらオスプレイが通過した。彼女はちらっと上空に顔を向け、小さなため息を漏らし、そして演説を続ける。

「昨年、北部訓練場の一部が返還されました。これを基地の縮小だと述べる人もいますが、私はそう考えていません。これは明らかに基地機能の強化です！」

オスプレイが去ったあとは、やんばるの森の静寂がよみがえる。夏の風を受けた草木のざわめきしか聞こえない場所で、彼女の声が響き渡った。

基地内の警備員が慌ててカメラを構えた。それを気にする風でもなく、彼女は訴える。

「私は沖縄の美しい海を守りたい。森を守りたい。子どもたちが安心して生きていける沖縄であってほしいと思っています」

他国の軍隊の居座りに異を唱える

いかにも右翼とわかる勇ましい装いで身を固めながらも、語り口調は穏やかだった。

「沖縄の痛みを理解したいと思う。戦争の傷痕、記憶に思いを寄せたいと思う。そして、基地のない島を目指す沖縄の人々に寄り添っていきたいと思います。どうか、一緒に考えていただけませんか」

繰り返す。彼女は正真正銘、右翼である。

外見上ではただ一点、胸に「米国の正義を疑え!!」とプリントされたシャツを身に着けたところだけが、一般に認知されている右翼との差異だろう。

基地建設反対を訴える演説は約30分間続いた。

「どうか沖縄の人々の思いを拒絶しないでほしい」

最後にそう述べてから、彼女はマイクを口から離し、一礼してその日の街宣を終えた。激しく言葉を叩《たた》き付けるような街宣ではなかった。声量を抑え、言葉をひとつひとつ押し出すように彼女は話した。基地建設を強行する米軍、そして日本政府に批判の矛先を向けながら、「これ以上、沖縄の人々に負担を押し付けないでほしい」と繰り返す内容だった。

「一般にイメージされる右翼とはかなり違いますね」

私がそう話しかけると、仲村氏は穏やかな笑みを浮かべながら、こう返した。

「そうでしょうか。民族派としては当然の主張だと思います」

彼女が所属する「花瑛塾」は16年11月に結成された。とはいえ、彼女の右翼歴は約20年にも及ぶ。

18歳の時、右翼の演説を聞いて社会に関心を持って、その世界に飛び込んだ。右翼の中では〝大手〟とされる「大行社《たいこうしや》」に籍を置き、様々な活動に関わってきた。北方領土返還や拉致問題解決の要求、日教組大会に出向いての街宣――活動歴は、まさに右翼そのものだ。自民党本部で消火器をぶちまけ拘束されたこともある。

その一方で、右翼活動の中で少し矛盾も感じるようになった。

「そのひとつが沖縄をめぐる基地問題です。右翼は国体護持を主張しながら、沖縄に米軍が駐留していることに大きな関心を寄せていない。いまでも占領下にあるのと同じことではないですか。民族派を自称するのであれば、他国の軍隊が日本に居座っていることに異を唱えて当然です」

だが、その考え方は右翼という世界にあっては異端でしかなかった。周囲に理解者は少ない。

郷土を思うことに右も左もない

中国の脅威はどうするのか。左翼勢力を利することになるのではないか。基地建設反対という立場から沖縄に言及すれば、そうした反論が相次ぐ。

「尊敬できる右翼人は少なくありません。しかし、右翼・民族派である以上、なおさら沖縄の現状を放置できなかった。中国の脅威というが、沖縄を苦しめているのは米軍の脅威ですよ。さらに、あまりに不平等な日米地位協定を容認することなど、できるわけがありません」

自分を育ててくれた組織に愛着はあった。組織を取るか、自分の考えに忠実に生きるか。さんざん悩んだ挙句《あげく》、同じ考えを持つ同志の木川智《さとし》氏（33歳）と一緒に後者を選んだ。

木川氏もまた、大学生のころから「大行社」に所属し、ゼネコンに乗り込んで発砲事件を起こして逮捕されたこともある筋金入りだ。その木川氏を中心に設立されたのが「花瑛塾」だった。現在、塾生は約30人。

「国を思い、真摯《しんし》に歴史と向き合うのであれば、沖縄の現状を容認することはできなかった」と代表の木川氏は話す。

「琉球処分以降、沖縄では常に地元の人々の意思がないがしろにされてきた。日米両政府に翻弄《ほんろう》されてきた負の歴史も直視すれば、愛国者としての立場は自《おの》ずと定まります」

一方的に押し付けられる米軍基地に反対し、沖縄に向けられる偏見とも闘うことこそが右翼の〝正道〟だと訴えるのだ。

スローガンを唱えるだけの一過性の運動にしたくないという思いから、花瑛塾では仲村氏をしばらくの間、沖縄に滞在させて、高江や辺野古の新基地建設反対運動に取り組むのだという。仲村氏はいま、知人の家に身を寄せながら、定期的に〝現場通い〟を続けている。

その仲村氏が続ける。

「多くの右翼は、結局のところ『反左翼』が活動の主軸になっていて、方向性が見えません。だから沖縄にも関心を寄せない。いや、それは右翼に限ったことではないですよね。

日本社会全体が、沖縄に犠牲を強いている自覚がない。米軍基地が置かれていることに疑問も感じていない。そのことが日本人のひとりとして許せないんです。郷土を思うこと、郷土の自然や人間を守りたいと思うことに、右も左もないですよね」

沖縄を侵略したのはヤマトとアメリカ

いわゆる「中国脅威論」に対しても、仲村氏は与《くみ》しない。

「それは結局、米軍を留め置くための口実として利用されているだけではないのかと思います。過去に沖縄を侵略したのはヤマト（日本）と米国だけですよ。それを棚上げして中国の脅威ばかりを煽《あお》るのは、どう考えてもおかしい」

そのうえで、気持ちは沖縄県民に寄り添いながら、しかし、街宣は必ずひとりきりでおこなう。

「基地建設に反対するという気持ちは、地元で反対運動に参加している人たちと同じです。ただ、右翼である私が参加することに違和感を持つ人もいるでしょう。嫌がる人だっているかもしれない。そこに無理やり入り込んで邪魔をしたり、ましてや運動に亀裂や分裂をもたらしたくはありません」

反対派が座り込みを続ける場所と離れた所で街宣をするのは、そうした〝配慮〟があるからだ。

一方、当然ながら地元の右翼団体が「花瑛塾」を見る目は冷ややかだ。

「おかしなことをする連中だ」

突き放したように話すのは、糸満市に本部を置く「大日本忠仁社」の新垣亨会長（50歳）。

「大行社から除名通知が届いているので、その団体のことは知っている。右に行ったり左に行ったり、よくわからない者たちだと聞いています。カネのために動いてるんじゃないのか」

また、同じく右翼団体の「日本民族思想普及会」（日思会・本部宜野湾市）の佐喜眞理会長（46歳）も、「人さまの家に土足で踏み込むなと言いたい」と敵愾心《てきがいしん》を露《あら》わにする。

「高江だ辺野古だと騒ぐ前に、民族派を名乗るのであれば（尖閣の領有権問題など）他にやることがあるだろう。それが結果的に左翼を煽って何がしたいんだ」

両団体とも地元では基地反対運動に敵対する行動派右翼として知られる。黒塗りの街宣車で乗りつけ、基地反対派に向けて罵倒と恫喝《どうかつ》を繰り返してきた団体だ。私も取材中に何度も彼らとは遭遇し、ときには名指しで罵倒も受けてきた。だが、両会長ともに直接に顔を合わせてみれば、対応自体は紳士的だった。それでも基地反対運動に話が及ぶと、憎悪を隠すことはない。

大日本忠仁社の新垣会長とは次のようなやりとりがあった。

――なぜ基地反対派と敵対するのか。

「道路を占拠するなど違法行為を繰り返しているからだ」

――右翼の側も十分に暴力的だと思う。基地建設に反対する人たちのテントなどを襲撃している。

「ぶつかり合うのは仕方ない」

――それもまた「違法」ではないのか。

「歩道を占拠してテントを構えているから、それを排除しようとしただけ。違法状態を解消しようと動いたら、もみ合いになった」

――その件で逮捕者を出したのは右翼団体の方だ。

「マスコミは大げさに報じている。もみ合っている中で、テントが崩れただけ。意図的に破壊したわけではない」

沖縄を荒らしているのは誰か

このように、あくまでも反対運動の側に瑕疵《かし》があるのだという主張を繰り返す。そのうえで会長はこう語った。

「中国の脅威などを考えれば、いまは米軍基地が必要。本当は自前の軍隊を持つのが一番良いが、現状では中国に太刀打ちできない。沖縄を守るためには仕方ない。なのに、県外から大勢の人間が集まって、この沖縄で好き勝手なことをしているのが許せないだけだ」

反対運動参加者のほとんどが「県外の者」だとする現状認識に異論はあるが、自前の軍隊が必要だというのは、右翼・民族派の主張として理解するとしよう。だが、そもそも「好き勝手」してきたのは米軍であり、あるいはそれを容認、いや、推進してきたのは日本の側である。外国の軍隊が駐留することや、不平等な地位協定を容認すること自体が、民族派としておかしいのではないか。

だが新垣会長は、そんな私の言葉にも「沖縄を荒らしているのは反対派だ」と言って譲らない。

「騒いでいるのは左翼勢力と県外の人間だけ。それをマスコミが煽っている。花瑛塾もそこに乗っかっているにすぎない」

日思会の佐喜眞会長も「反対運動の暴徒化を抑えたいだけだ」と強調する。

「放置しておけば沖縄が分裂する。だからこそ、県外の同志である右翼が我々を『手伝いたい』と申し出ても断っている」

だが、沖縄に分裂を持ち込んだのは誰なのか。力で押さえ付けてきたのは、いつだって日米両政府だ。

花瑛塾の仲村氏は「対立を仕向けている側にこそ目を向けてほしい」と、地元右翼に訴える。

「負担も争いも沖縄ばかりに強いている日米両政府。さらに、沖縄の現状に無関心な日本社会。最大の敵はそこにあるのではないでしょうか」

そう話しているとき、まるでそれをあざ笑うかのように、オスプレイが頭上を通り過ぎて行った。轟音が言葉をかき消す。沖縄の夏空に不安の航跡が描かれる。

日本社会の安全を脅かしているのは、まさにこの黒い機影なのである。

森友学園理事長と右派市民団体の不可解な点と線

常軌を逸したヘイト体質

いまや〝告発者〟として名を上げているのが、森友学園元理事長の籠池泰典氏だ。舌鋒鋭く政権批判を繰り返し、〝反自民〟の側から英雄視されることも少なくない。国政選挙の野党候補に担ぎ出そうとする向きもある。

だが、忘れてはなるまい。籠池氏は在日コリアンに対する差別と偏見を流布させてきた過去を持つ。

本稿は、英雄視される以前の籠池氏を描いたものだ。

森友学園理事長・籠池泰典氏も、いまや〝水に落ちた犬〟だ。かつての盟友も〝打ち〟に回る。政治家に見放され、拠《よ》り所としていた日本会議からも「ネトウヨ」扱いされる始末。

それでも――拾う神はいたのだった。

2017年3月3日、民団大阪（在日本大韓民国民団大阪府地方本部・大阪市北区）に男女

4人が街宣車で乗り付け、建物1階のロビーで大声を上げた。

「日本人の代表として抗議文を持ってきました！」

4人は元在特会のメンバーなど、いずれも関西を拠点に「反中嫌韓」の排外主義運動に関わってきた者たちだ。そのうち2人は2009年の京都朝鮮学校襲撃事件に関わり逮捕、有罪判決を受けた経歴を持つ。

抗議文の受け取りを拒否し、退去を求める職員に対して彼らは口々に訴えた。

「(森友学園経営の) 塚本幼稚園に対する嫌がらせをやめていただけますか。日本の教育は日本人が決めることであって、韓国人が決めることではない。それよりも本国の反日教育をやめなさい！」

「日本の幼稚園児に何の罪があるんや！」

「差別をやめなさい！」

結局、受け取りを拒否された抗議文は民団が設置した「意見箱」の中に投函《とうかん》され、4人はさらに「あなたたちは外国人であるという身の程を知れ！」などと拡声器で街宣した後に引き上げた。

対応した民団職員の1人がため息交じりで振り返る。

「ブログなどでウチに来ることを仄《ほの》めかしていたから警戒はしていました。しかし、予測していたとはいえ、まったく話がかみ合わない。とても議論などできそうにありませんでした」

それにしてもなぜ、元在特会メンバーらが塚本幼稚園の件で民団に抗議したのか。

実は、2月末に民団大阪は塚本幼稚園の「差別文書」に抗議していた。

すでに一部では知られているように、同幼稚園では主に在日コリアンを貶《おとし》めるような文言を用いた文書を保護者に配布している。

〈よこしまな考えを持った在日韓国人や支那人〉

〈韓国人や中国人は嫌いです〉

〈在日が経営する学校は国家観はズタズタ。反日の人間になり得る〉

それればかりか運動会の選手宣誓においても、幼稚園児に「中国、韓国が心を改め、歴史教科書で嘘《うそ》を教えないよう、お願いいたします」と唱和させるなど、常軌を逸したヘイト体質が問題となっている。

抗議文は、幼稚園から在特会に流れたのか

かつて同園に子どもを通わせていた在日コリアンの母親は、私の取材にこう答えている。

「求められれば寄付もしましたし、学校行事にも協力してきました。しかし、学校側は私や子どもが韓国にルーツを持つ人間だと知っていながら、韓国人は嫌いだと手紙を寄越してきたんです。目の前が真っ暗になりました。こうまで露骨な差別体質を見せられたのですから退園せざるを得ませんでした」

民団大阪はニュース等でこの事実を知り、こうした民族差別を容認できないとして、塚本幼稚園に抗議文を渡すこととなったのだ。

抗議文には次のように記されている。

〈在日韓国人や中国人を蔑視したこれらの行為は、明らかに民族差別であり、私たち在日韓国人の人権を著しく侵害するものであるため、到底容認する事ができません〉

〈教育基本法第1章第2条には「伝統と文化を尊重し、それらをはぐくんできた我が国と郷土を愛するとともに、他国を尊重し…」とあります。貴学園が行っている教育はこれを著しく逸脱した教育であると言えます〉

そのうえで人権教育の充実や、公式の場での謝罪を求めるものであった。

2月24日、民団職員らは、これを籠池氏らへ直接に手渡すため、同幼稚園に出向いた。しかしインターホン越しに来意を告げたが面会を拒否されたため、抗議文を玄関前のポストに投函して帰ったのだという。

「(民団に抗議した者たちは)幼稚園に迷惑をかけた、幼稚園児が怖がっていたなどと叫んでいましたが、そのようなことはありません。そもそも我々は事前に、園児には迷惑をかけないよう配慮することを決めていましたし、だからこそ幼稚園側とはインターホンでのやり取り以外はしていない。まったくの言いがかりです」（前出職員）

いずれにせよ、元在特会員らの目的は「抗議に対する抗議」なのであった。

ちなみに彼らの抗議文は、〈日本人を蔑視したこれらの行為は、明らかに民族差別であり、私達日本人の人権を著しく侵害するものであるため、到底容認することができません〉〈韓国民団は事実に基づかない歴史教育を推進してをり、日本人差別行為であるのは明白である〉など民団側の抗議文を模した文体で、〈日本国民への謝罪〉を要求するものだった。

前出の職員が首をひねるのは、その内容よりも、民団側の抗議文や封筒の画像が、その日のうちに元在特会員らが運営するブログで掲載されたことにある。

「我々は封筒の画像までは公開していません。それが幼稚園のポストに投函してすぐに、彼らはネットにアップしているわけです。つまり、幼稚園側から彼らに流れたとしか考えられないのです」

民団に抗議したメンバーの一人にも聞いてみた。前述した京都朝鮮学校襲撃事件にも関わった男性である。

――民団への抗議の意図は何か。

「一言で言えばヨソの国の人間が日本のことに口を出すなということ」

――籠池氏とは面識があるのか。

「どこかで会ったことはあるかもしれないが、直接に知っているわけではない」

――民団による幼稚園への抗議文提出はどこで知ったのか。

「詳しくは言えない。関係者の中には我々の支持者もいる」

彼らからすれば在特会批判を続けてきた私に多くを語るわけがない。問題となった土地取引の中身同様、いまのところ詳細は闇の中だ。

だが、暗闇で目を凝らせば、彼らの〝出身母体〟である在特会と塚本幼稚園（森友学園）を結ぶ線がうっすらとは見えてくる。

09年に大阪で設立された右派系団体がある。

「日教組の違法を監視し究明する市民の会」（監視する会）。日教組に対抗し、「教育正常化」を目指すことが目的だという。

在特会関係者と並んで「籠池靖憲」の名が

代表を務めるのは塾経営の傍ら、関西で長きにわたって右派系市民運動を牽引《けんいん》してきたM氏だ。在特会草創期には同会の関西支部長を務めたことでも知られる（その後、会長らと対立して退会）。

監視する会は現在は休眠中と見られ、活動の形跡はない。ただし、いまでもネット上に残された同会のホームページには、代表委員、各都道府県別の参加者が記載されている。

ここには、在特会会長（当時）の桜井誠氏をはじめ、在特会関係者の名前がずらりと並ぶ。当然ながら、民団大阪に抗議したメンバーの名前も連ねられている。

そして――そこには「籠池靖憲」なる名前も見て取ることができるのだ。

森友学園の籠池氏は、いくつかの名前を使い分けているが、当時は「靖憲」を使うことが多く、大阪府への小学校設置認可申請の名前も、現在の「泰典」ではなく「靖憲」だった。

監視する会のM氏に連絡してみたが、あいにくM氏は体調を崩して入院中だという。代わりにM氏の妻が私の取材に応えた。

外国人に攻撃的であるだけの教育者

彼女が開口一番に発したのは「入院したのは籠池のせいだ」という言葉だった。

「夫が籠池と知り合いだったこともあり、マスコミが事務所に押し寄せてくるんです。そのせいで緊急入院するまでに体調を悪くしてしまったんです」

――Mさんと籠池氏は古くからの付き合いなのか。

「いつから交流があるのかは知りませんが、一時期は親しくしていたと思います。でも、いつも夫は『籠池には一方的に利用されるばかりだ』と怒っていましたよ。何度も人脈を駆使して政治家を紹介するなどしていましたが、籠池さんのほうから何か手伝ってくれることはないんです」

――籠池氏は監視する会のメンバーだったのか。

「私はよくわからない。でも付き合いはあったのだから、そうなんじゃないですか」

――今回の事件に関して、Mさんはどう思っているのか。

「教育勅語に泥を塗るようなヤツだと怒っています。籠池を〝愛国無罪〟にしたらあかん、と」

　現在、取材を拒否している籠池氏が、どこまで在特会を理解していたかは不明だ。私が知っているM氏もまた、細事を気にしない大雑把《ざつぱ》な性格なので、籠池氏の名前を使っただけ、ということもあり得るだろう。実際、ラジオのインタビューで監視する会との関係を問われた籠池氏は「知らない」と答えてもいる。

だが問題は、籠池氏がこうした人脈とつながるような〝思想〟を抱えていたということだ。

教育現場に差別と分断を持ち込み、排外主義を喧伝《けんでん》した。裏取りもせず「沖縄の翁長雄志知事は中国派、親族も中国人」などといったデマもまき散らした。

しかも「愛国者」を自称しながら、国民共有の財産を買い叩いたのだ。

結局は、他国や外国人に攻撃的であるだけのフェイクな教育者だったことは間違いない。

26歳の右翼活動家は、なぜ保守系出版社を襲撃したのか

月刊誌『ＷｉＬＬ』を発行する出版社に抗議活動

２０１６年5月4日夜、右翼団体「天誅塾」（本部・山梨県）に所属する松田晃平（26歳）は、新宿駅近くのディスカウントショップ「ドン・キホーテ」で消火器とペンキ缶を購入した。

総計５０００円の買い物である。

おなじみの黄色いレジ袋をぶら下げたまま、松田が向かったのは、月刊誌『ＷｉＬＬ』などを発行する出版社「ワック」が入居する千代田区内のオフィスビルだった。

普段であればビル玄関はオートロックで施錠されているが、なぜかこの日はドアが開けっぱなしになっていた。「運命が味方している」と感じたという。

建物内に入ると一気に階段を駆け上がり、「ワック」のフロアに到達した。

すでに夜の10時半。社内に人の気配はなく、さすがにここでは、入り口のガラス製ドアはロックされていた。押しても引いても開かない。躊躇することなく、ガラスドアを消火器で叩き割り、社内に侵入した。

ジリジリジリ。警報機が作動した。悲鳴のような警報音が響き渡る。

それでも、まるで何年間もこの〝作業〟を続けてきたかのように冷静だったという。

あたりかまわず消火器を噴射した。

さらにペンキを床にぶちまけた。

最後に『ＷｉＬＬ』の廃刊を要求するビラをばらまいた。

すべてを終えると、松田は自ら110番通報した。

――出版社に消火器をぶちまけました。自首したいのですが。

そう告げると、警視庁の担当者は「はい、ではすぐにうかがいます」と、宅配ピザ店の従業員のように事務的な対応で返した。

数分着、近くの派出所から警察官が駆け付けた。警察官の第一声は「何か、危ないものとか、持ってる?」だった。

少し考えてから松田は答えた。

「危ないものは、もう使ってしまいました」

松田は建造物侵入の容疑で逮捕された。

その後、裁判で懲役2年、執行猶予4年の判決を言い渡されることになる。

月刊誌『ＷｉＬＬ』は、松田が事件を起こす直近の号で、「いま再び皇太子さまに諫言申し上げます」なるタイトルの記事を掲載していた。保守論客として知られる二人の学者の対談で、皇太子や雅子妃を批判しながら、皇室を憂える内容となっていた。

〈皇室という空間で生活し、儀式を守ることに喜びを見出さなければならないのに、小和田家がそれをぶち壊した〉

〈夢幻空間の宇宙人みたいになっています〉

天皇信仰と万民思想

対談では、学者らの口からこうした皇室批判が何度か飛び出している。

松田はこれに憤りを感じ、版元である「ワック」への襲撃を決行したのであった。

「ワック」は事件後ただちに「問題提起を言論でなく、暴力で封じようとする行為は容認できない」とのコメントを発表した。

まったくその通りである。たしかに、この事件は暴力による言論封殺だ。

右翼はこれまでにも様々な媒体が報じてきた皇室批判や論評に対し、暴力で対応してきた。どんなことがあっても許容できるものではない。

一方、この対談記事に対しては、私も強い反発を覚えた。記事の行間から漂ってくるのは、ひとりの女性の精神面での不調をあげつらい、あざ笑う、なんとも軽薄な空気だ。

松田は襲撃の理由を「不敬」だとしたが、私がこの記事から感じたのは、心身に障がいを抱えた人々に対する差別的な視点だ。先入観で歪んだ偏見に辟易した。

山梨県内のファミリーレストランでアイスコーヒーをすすりながら、私は松田に訊ねた。

――私自身は皇室に対して強い〝崇敬の念〟を持っているわけでもなく、そもそも右翼に対しても好意的でないことは、あなたも十分に理解していると思う。と、なれば私も十分に「天誅」の対象ではないのか？

「それはそれで、別にいいんじゃないでしょうか。ふうん、そうなんだ、という程度にしか感じません」

こちらが拍子抜けするくらいに、松田は淡々とした口調で応じた。

反発するわけでもなく、それどころか、私のグラスが空になったことを確認すると、「アイスコーヒーのお代わり持ってきますよ」と言って立ち上がる。彼は終始、気遣いを見せた。生真面目な性格なのだろう。

「許せないのは、日ごろから『天皇陛下万歳』と言いながら、その一方で皇族の方々の人格を貶めるような物言いをしている人々です。反論の機会を持たないご皇室への棄損ですよ」

相手が右派・保守派を名乗っていたからこそ、『Ｗ·ｉＬＬ』の記事には欺瞞を感じたのだという。

　松田は保守系のニュースサイトに対し、損害賠償請求を求める民事裁判を起こしたこともある。襲撃事件を起こした松田を、ある保守系サイトが部落差別を助長させる言葉で罵倒したからだ。

「旧悪でしかない身分制度を持ち出して他者を攻撃するなど、許しがたい人権感覚じゃないですか」

〝臣民〟を自認し、唯一絶対の天皇信仰を抱えながら、「人権」を求めて裁判を闘う。少なくとも松田のなかで矛盾はないという。彼なりの〝一君万民〟の思想である。


「日本人として生まれた意味」


　松田は三重県の出身だ。両親はともに自衛官だった。とはいえ特に保守的な〝家風〟であったわけではない。両親と政治的な話をしたことも、ほとんどなかった。

　小学校6年生の時である。

　小泉純一郎首相（当時）が北朝鮮を電撃訪問した。北朝鮮は正式に「拉致事件」を認め、一部の拉致被害者が帰国を果たした。これが政治や国というものに関心を持つきっかけとなった。

なぜ、もっと早く、国は被害者を救うことができなかったのか。そうした思いが、松田をナショナルな思考に進ませる。

そのころから、むさぼるように本を読んだ。

『おじいちゃん戦争のことを教えて』（中條高徳著　小学館文庫）で日本の歴史に触れ、さらに小野田寛郎（戦後、フィリピン・ルバング島から日本へ帰還した元日本軍人）の一連の著作で〝戦場〟を知った。

中学、高校と進む中で、保守派が著した民族主義に関する本にも目を通すようになる。

松田の趣味は〝一人旅〟だ。子どものころから、それは変わらない。地図を眺めては見知らぬ街を想像し、時間とカネに余裕ができたら高速バスに飛び乗る。

ちなみに子ども時代の夢は、ゼンリンか国土地理院で地図作成に関わる仕事をすることだったという。

高校時代には旅先で知り合った拉致被害者救出運動の関係者に誘われ、一緒に街頭で署名活動に参加したこともあった。趣味の一人旅は、〝運動の現場〟や、そこで活動する人々と出会うためにも機能した。

「〝日本人〟として生まれたことの意味を考えるようになりました」

愛する郷土を守る。皇室と伝統を守る。国に誇りを持つ。そんな人間になりたいと思った。

特定の組織に属したわけではないが、高校生のころの松田は、すでに十分な〝右翼少年〟となっていた。

大学は国士舘大学に進んだ。

理由を問うても松田は「入りやすかったから」としか答えないが、入学後、すぐに学内の民族派サークル「皇国史観研究会」に入ったのだから、当然ながら右派である自分を意識しての進学であろう。

もっとも、いまの国士舘大学に〝右翼大学〟のおもかげは、もはやない。かつてのようなバンカラ学生はほとんどいない。当然、わかりやすい右派など少数派だ。

松田はその少数派のひとりとして、独自の学生運動を闘った。

学内ネイルサロン反対闘争

大学内でネイルサロン開設の動きがあると、松田は「大学の企業化」だとして反対運動を起こした。ちなみに国士舘では敷地内での政治運動は禁止されている。ネイルサロン反対が政治運動かどうかはともかく、右翼学生が立ち上がったことに大学側も危機感を持ったのだろう。

学内で反対運動することを認めなかったので、松田は最寄り駅で一人でビラまきをした。結果的に、ネイルサロンは学内の美容院の中で営業することとなり、独立店舗の開業に至らなかったことで松田も矛を収めた。

また、大学内で東アジアの問題について語るシンポジウムが開催された際には、登壇者の中に日本国籍者が一人もいないことに対する抗議活動もおこなった。「東アジアの問題を語るシンポジウムを日本で開催するのに、なぜ日本国籍者がいないのか」と大学に抗議したのである。

こうした活動を通じて、松田は右翼の世界でも次第に名前を知られていく。

その傍ら、左翼学生やアナーキストも含むさまざまな若者たちとも交流を重ねるなど、思想にとらわれることのない生き方を選んだ。

就職活動はしなかった。民族主義を学び、右翼としての実践を積み重ねていた松田に、会社勤めという設計図はなかったのだ。

卒業後は右翼活動家の道を選択した。

信条は「国土を守ること」。

「一般的な社会常識からすれば〝外れている〟と見られるかもしれませんが、（右翼活動家になったのは）自分にとっては、きわめて自然なことなんですよね。

気負いもないし、熟慮があったわけでもない。そうすることが決められていたかのように、この道に進んでいます」

拉致被害者の救出運動も続けている。

日教組大会に抗議に出向くこともある。

領土問題に関して街宣も行う。

営利活動ばかりに精を出す神社を批判することもあれば、乱開発を進める企業に抗議することもある。

ヘイトスピーチは無視するスタンス

松田の信仰は「国土を守る」ことだ。そのためであれば、あらゆる活動に参加する。

昨年は、他の右翼関係者とともに中国を訪問した。現地の社会科学院（中国政府のシンクタンク）関係者と議論するためである。

領土問題や歴史認識をめぐって双方が激しくぶつかった。だが、いったん議論の場を離れれば、中国側のメンバーは北京の街を案内してくれたばかりか、夜には円卓を囲んでの酒宴も催してくれた。

時に戦争前夜のようにむき出しの対決姿勢を見せながら、しかし一方で、顔を合わせての言論戦も展開する。

外部の人間には見えにくいが、右翼には独自のパイプと〝戦場〟があるのだという。

硬軟取り混ぜての活動は、穏やかに私と会話しながらも、憤りが沸点に達すれば企業襲撃も厭わない松田の人間性とも重なる。

——右翼をやめる気はないですか？

私は半分本気、半分冗談で松田に訊ねた。

「やめないですよ。それを続けることが人生だと思っていますから」

松田はそう答えた。彼の「愛国」を止める権利など私にはない。

だが、絶対に譲れないこともある。ヘイトスピーチの問題だ。

この点に関しては、私と松田には認識に差異があった。

松田は、ネット上でのヘイトスピーチには嫌悪感を持っているが、基本的には無視のスタンスを貫いている。

「匿名で無責任な言動をするような連中など相手にしたくない」と話す。

だが「相手にしない」だけでヘイトスピーチを根絶させることはできない。

「国土を守る」というのであれば、日本社会に深刻な分断や亀裂をもたらすようなヘイトスピーチを黙殺してよいのか、声をあげるべきではないか——と私は思う。

部落差別を「人権侵害」だとして訴訟に持ち込むことも辞さない松田だが、排外主義に関してはやや煮え切らないようにも映る。

「愛国」は、ときに差別と偏見の温床ともなる。

生真面目、一途な松田の「愛国」は今後、どのように先鋭化していくのか。どこに向かうのか。

去り際、深々と頭を下げてから背中を向けた松田を目で追いながら、彼の若さと行動力が、社会を分断させたがっている側に絡めとられないことを願った。

「その先の右」へと走る自民党——宗教右派とネトウヨを取り込む

改憲派集会へ寄せた安倍首相の「宣言」

2017年5月3日、憲法施行から70年目の節目を迎えた。

護憲、改憲のそれぞれの立場から、今日も各地で憲法を考える集会がおこなわれた。東京・千代田区の砂防会館では「美しい日本の憲法をつくる国民の会」などが主催する改憲派集会が開催された。

ちなみに同会の共同代表は櫻井よしこ（ジャーナリスト）、田久保忠衛（杏林大学名誉教授）、三好達（日本会議名誉会長、元最高裁判所長官）の3氏。さらに幹事長には百地章（日本大学法学部教授）氏、事務局長は椛島有三（日本会議事務総長）氏といった名前を見ることができる。いうまでもない、日本会議系列の団体だ。

千人を超える参加者のもと、注目を集めたのは安倍晋三首相が集会に寄せたビデオメッセージだった。

「憲法改正は、自由民主党の立党以来の党是です」

そう切り出した首相は2020年の東京五輪を持ち出し、次のように訴えた。

「新しく生まれ変わった日本が、しっかりと動き出す年、2020年を、新しい憲法が施行される年にしたいと強く願っています。私は、こうした形で国の未来を切り拓いていきたいと考えています。

本日は、自由民主党総裁として、憲法改正に向けた基本的な考え方を述べました。これを契機に、国民的な議論が深まっていくことを切に願います。自由民主党としても、その歴史的使命を、しっかりと果たしていく決意であることを改めて申し上げます。

憲法改正に向けて、ともに頑張りましょう」

東京五輪の年に改正憲法を施行するのだと、その道筋をはっきりと示したのであった。これに気を良くしたのか、登壇者たちも勢いづいた。

「安倍さんのスピーチは心に響いた。勇気づけられる」（櫻井よしこ氏）

「（総理は）初めてあそこまで言及した。当然のことを言える環境になりつつある」（自民党衆院議員・古屋圭司氏）

「首相は何歩も先に踏み込んでくれた。憲法改正の機は熟した」（日本維新の会衆院議員・足立康史氏）

早くも改憲が決まったかのような雰囲気の中、「改憲集会に初めて呼ばれた」という公明党衆院議員の遠山清彦氏までもが「憲法も施行から70年が経過した。時代に合わせて変えていくべき」と改憲勢力にすり寄る始末。

「間違いなく沖縄蔑視が根底にある」

櫻井氏などから「(創価学会の)婦人部などを説得できるのか？」と疑問がぶつけられる場面もあったが、「安保法制でも最後には納得してもらえた」と〝説得〟に自信があることをアピールした。

集会の最後には、「各党は具体的な憲法改正原案の提案を！」と題した声明文が決議された。

「国民の命と暮らしを守る国家の責任を果たすため、各党に対して、憲法改正原案を提示して国会における合意形成を図り、憲法改正の国会発議および国民投票の実施をすみやかに実現するよう要望する」

もはや改正か否か、といった議論をする余地さえないように感じ取れる。何を変えるべきなのか、どう変えるべきなのか、それを議論すべきだと主張しているのだ。

おそらく「安倍一強」の自信の表れであろう。

ところで、登壇者の一人である古屋圭司氏は党の憲法改正推進本部顧問であると同時に、選挙対策委員長の要職も務める(日本会議国会議員懇談会の幹部でもある)。

その古屋氏は、沖縄県うるま市長選（4月23日）の直前、自身のフェイスブックで次のような書き込みをした。

「市民への詐欺行為にも等しい沖縄特有のいつもの戦術」――。

同市長選に立候補した野党系候補の政策を批判する文脈で用いられたものだが、「沖縄特有」なる言葉には、明らかに同地への差別と偏見が透けて見える。

古屋氏の事務所に取材を申し込んだが、「フェイスブックに書かれたことがすべて。撤回する意思もない」（事務所担当者）とにべもない。

当然ながら沖縄選出議員からは批判の声があがった。

「なんとも下劣な物言いです」

呆れたように話したのは、赤嶺政賢衆院議員（共産党・沖縄1区）だ。

「沖縄への蔑視感情を抱えているからこその書き込みでしょう。いったい、どんな事実に基づいての〝特有〟なのか。沖縄の民意が必ずしも政権に与していないことを意味するのであれば、独善的に過ぎます」

同じく、照屋寛徳衆院議員（社民党・沖縄2区）も憤る。

「断じて許せません。まるで沖縄県民が詐欺の常習犯であるかのような表現です。先だっての機動隊員による〝土人発言〟と同様、間違いなく沖縄蔑視が根底にある」

そのうえで二人とも「自民党は変わった」と続けるのであった。

かつて自民党議員には沖縄への思いがあった

「かつての自民党であれば、少なくとも露骨に沖縄をバカにするような発言が飛び出ることはなかった」（赤嶺議員）

「昔の自民党議員には、もう少し沖縄に対する情と愛があったはずだ」（照屋議員）

たとえば――

沖縄開発庁初代長官の山中貞則氏は、沖縄関係法案の趣旨をこのような言葉で説明している。

「県民への『償いの心』をもって、事に当たるべきである」（1971年国会答弁）

また、タカ派として知られ、菅義偉官房長官が師と仰ぐ梶山静六氏は「沖縄県民に米軍基地の大きな荷物を背負わせている」と口癖のように話していたという。

「俺は沖縄には行くことができない」と漏らしていたのは後藤田正晴氏だった。理由を問われた後藤田氏は次のように話した。

「先の大戦のことなどを考えると、沖縄に申し訳なさすぎて向ける顔がないんだ」

他にも、普天間基地の返還を決断した橋本龍太郎氏、沖縄サミット開催に尽力した小渕恵三氏など、沖縄のために奔走した自民党議員は少なくない。

みな鬼籍に入ったが、彼らには共通する沖縄への思いがあった。過酷な地上戦があったことを知り、戦後もしばらく米軍統治下に置かれ、日本国憲法すら及ばなかった沖縄の姿を知っていた。苦難の道のりを理解していた。

それが、いまやどうだ。「償い」どころか、辺野古の新基地建設に反対する翁長雄志沖縄県知事に対し、政権内部からは「知事個人に賠償を求めることもあり得る」といった脅しまで飛び出している。

世代交代が進み、沖縄の歴史に思いをはせる議員はほとんど残っていない。安倍首相に近い若手議員たちが党本部にベストセラー作家の百田尚樹氏を招き、「(沖縄県民は)沖縄のどっかの島でも中国に取られてしまえば目を覚ます」「沖縄の新聞はつぶさないといけない」などと気勢を上げたことも、まだ記憶に新しい。

かつて自民党の沖縄振興委員長を務めたこともある山崎拓氏に、最近の同党が発信源となる「沖縄差別」について問うと、「思想の貧困だ」との答えが返ってきた。

「攻撃的、排他的で、思慮深さが見られない」

そもそも沖縄がサンフランシスコ講和条約によって「本土」と切り離された4月28日(1952年)を、「主権回復の日」に定め、政府主催の式典を開催したのも安倍政権だった。

まさに「愛と情」の欠片もない。

ある自民党議員の秘書が打ち明ける。

「こわいな、と思うときもある。第二次安倍内閣以降、国家主義的な物言いほど党内でのウケがよくなっている。政権に懐疑的な見方をする議員もいないわけではないが、ポスト欲しさで言いたいことも言えない環境にあるような気もします」

自民党を取り巻く風景も変わった。たとえば国政選挙戦の最終日。首相をはじめとする党幹部らが「最後のお願い」をする、〝マイクおさめ〟の場所は長きにわたって新宿や池袋の大ターミナルだったが、ここ数年、秋葉原が定位置となっている。駅前広場を囲む歩道を埋め尽くした聴衆が、一斉に日の丸の小旗を打ち振る様子は、まるで国威発揚の祭典だ。君が代をうたう集団が盛り上がり、取材陣に「マスゴミ！」とヤジを飛ばし、大声で特定の民族に対する差別的な罵声を繰り返す。まるで差別主義者たちの「ヘイトデモ」と見紛う。前出の秘書が嘆く「今の自民党を映し出す風景」である。

自民党本部によると、選挙戦最終日に秋葉原を選んだのは2012年12月の衆院選挙からだという。

「その前に行われた党の総裁選で秋葉原を街宣の場に選んだところ、とても反応がよかったんです。しかもそのときに安倍さんが訴えた『日本を取り戻す』というキャッチコピー

も評判が良かった。そうしたこともあり、秋葉原は安倍政権にとって象徴的な場所でもあるんです」（遊説局担当者）

アニメやネットの聖地とも称される秋葉原を埋め尽くす日の丸の波は、何かを「取り戻した」ものではなく、排外主義が新たな方向性を見出したかのようにも私には見えた。

集団的自衛権の行使を容認する安保関連法を成立させ、「共謀罪」成立へと向かった。安倍政権下で沖縄の新基地建設が進み、「愛国教育」が図られる。確かに復古的ではあるが、少なくとも、かつての自民党を「取り戻す」ものではない。「これまでにない自民党」「新しい保守」をつくりあげたといえよう。

愛国の道を走る自民党への危惧

「威勢のよさこそが保守だと勘違いしている者が多いのではないか」

私にそう告げたのはかつての自民党の重鎮、古賀誠だった。

「右に傾けばカッコいいと思っている。いまはそんな議員が少なくない。私らが若手議員だったころ、政権中枢にいた先輩たちはみな戦争経験者でした。戦争の悲惨さ、戦後の苦しさを知っていたからこそ、戦前へ戻るような政策には慎重であり続けました。しかし、いまや議員の8割は戦後生まれ。それは有権者だって同じです。日本という国全体が怖いもの知らずになっているような気がしてなりません。ですが、自民党は政権政党です。世の中の流れに無頓着に乗っかるようなことではいけない。もう少し責任感がほしい」

古賀は毎年6月23日、必ず沖縄に足を運ぶ。沖縄戦が終結した「慰霊の日」である。

なぜ、毎年欠かさず足を運ぶのか。私の問いかけに古賀は「こわいからです」と答えた。

「戦争を忘れてしまうのがこわいから。いまの平和が戦争の犠牲の上に成り立っていることを忘れてしまうのがこわいから。だから、忘れないために沖縄に行くんです」

44年のマリアナ沖海戦で日本軍は大敗北を喫した。これによってサイパン、テニアン、グアムが米軍に奪われた。古賀の実父もこの時期にレイテで戦死している。

ここで戦争を終わらせるべきだった。しかし、政権も軍部も「本土決戦」を主張し、さらに戦争を続けた。

そのおかげで沖縄では県民の4人に1人が命を落とす地上戦がおこなわれ、広島と長崎でも原爆によって大勢の命が奪われた。

「勇ましいことが、威勢のよさが、強気であることが、人を救うわけではありません。日本は戦争でそれを学んだはずなのですが……」

古賀はそれ以上、多くを語らない。引退したとはいえ、いまでも自民党員だ。胸にためこんだままで、言えないことも多いはずだ。

だが、静かな口調から伝わってくるのは、喜々として愛国の道を走る自民党への危惧と懐疑だった。

宗教右派を取り込み、いや、取り込まれ、日の丸を打ち振れば「愛国」だと考えている排外主義的なネトウヨをもマーケットとして、安倍政権は〝その先の右〟へと走り続ける。待っているのは「憲法改正」だろう。

第二章

移民を拒む移民国家

移民を拒む移民国家

「移民」を認めない政府

２０１９年４月、外国人労働者の受け入れを拡大する改正出入国管理法が施行された。人手不足業種の労働現場はこれまで主に外国人技能実習生や留学生によってまかなわれていた。しかし、少子化に伴う人手不足は深刻だ。実習生や留学生だけでは足りないとして、政府は新たに「特定技能」なる在留資格を設け、最長10年間、単純労働分野における外国人の雇用を可能とした。今後５年間で約35万人に及ぶ外国人労働者の受け入れが見込まれる。

「後押ししたのは経済界。盛んなロビー活動の成果だった」

そう話すのは全国紙の政治部記者だ。

「日本商工会議所をはじめ、人材不足に悩む中小企業を抱える経済団体が官邸を動かした。本来、タカ派色の強い安倍内閣は外国人受け入れに消極的だったが、統一地方選や夏の参院選を控え、経済界の意向を無視することはできなかった」

外形上は、移民受け入れに舵を切ったといってもよいだろう。メディアは「移民解禁」

と喧伝し、一方、従来より外国人受け入れに否定的だった保守派、右派の一部は「日本の危機」を訴えた。

だが、改正法の最大の問題点は、それでも「移民受け入れではない」と言い張る政府の姿勢にこそある。

改正法の国会審議中、安倍晋三首相は「移民政策は考えていない」と繰り返し述べた。政府はこれまで一貫して「移民政策」を認めてこなかった。政府にとって外国人とは「いつか（母国に）帰ってくれる一時的な労働力」でしかなく、政策と呼べるのは治安に特化したものだけだった。

はっきりさせておきたい。日本はもう十分に「移民国家」だ。現在、日本で生活している外国籍住民は270万人を超えている。これは京都府全体の人口をも上回る規模だ。これだけの人々が日本で暮らし、生産し、納税し、様々な形で地域に貢献しているのだ。政府の言い分はまやかしにすぎない。

実際、我々の生活はこうした外国人労働者によって支えられているといっても過言ではない。衣料品はもちろんのこと、大手メーカーが生産する家電製品、自動車、パソコンのなかに、外国人労働者が関わっていないものなどない。

最近では外国産の食料品を避け、国内産だけでまかなう家庭も多いが、人手不足にあえぐ国内の農家は、その労働力を外国人実習生に頼っている。つまり、国産を売り物とする野菜や果物の多くは〝外国人産〟でもある。

それほどまでに外国人の労働力が生活の中へ深く浸透しているというのに、いつまでたっても「例外的」な存在であり続ける。

立ち位置があいまいであるがゆえに、労働者としての、いや、当たり前の人間としての権利さえ、ときにないがしろにされる。

無視される人権と人格

改正法によって新設された在留資格「特定技能」は、現行の技能実習制度が〝土台〟となっていることは政府関係者も認めるところだ。

技能実習制度は国際交流と技術移転を目的として、90年代初頭に制度化された。だが、いつしか目的は形骸化し、不況業種における労働者確保の手段となっているのが現状だ。外国人実習生は、安価で使い勝手の良い労働力としか見られていない。地域別の最低賃金を下回る給与、長時間労働、パワハラ、セクハラなどの問題は山積されたままだ。同制度本来の目的とされる国際交流、技術移転などは、建前に過ぎない。

私は今世紀に入ってから、全国の「実習現場」に足を運び、多くの関係者から話を聞いた。なかには労働法を遵守し、経営者と実習生が良好な労使関係を築いている企業がなかったわけではない。だが、私が目にした多くの現場では、「支配と服従」の関係に規定された、歪な労働環境が横行していた。

東海地方のある縫製工場では、実習生との間で次のように記された誓約書を交わしていた。

・無条件に会社の規則、制度に従う
・経営者に対しいかなる無理な要求もしない
・いかなる動機によっても、ストライキや、もめ事を起こしてはならない
・誰とも同居、結婚、妊娠を引き起こす行為をしてはならない

ここには労働者として当たり前の権利は何も認められていない。人権どころか、人格さえ無視されたような誓約書ではないか。まるで人間を捨ててロボットになれと命じているような誓約書だ。

だが、これはけっして特殊な事例ではない。

実際、経営者に対して「意見」しただけで強制的に帰国させられたり、労働基準監督署に相談に行っただけで頭髪を坊主刈りにされたりといった事例は枚挙にいとまがない。女性実習生に対するセクハラ被害も、幾度となく耳にしてきた。

シェルターに逃げ込む実習生

2019年初頭、私は岐阜県内にある実習生専用のシェルターを訪ねた。数年前から同所で、職場から逃げてきた実習生の聞き取りを進めている。

「日本に来ても、何もいいことがなかった」

カンボジアからきた技能実習生、エン・ピサイさん（女性、33歳）は、そう口にした。

「仕事、たくさん。お金、少し」

それがピサイさんにとって「日本」の現実だった。

もともとは日本という国に憧れていた。豊かな生活と、美しい自然。そんな国で働けるなんて夢のよう。来日するまでは、そう思い込んでいた。

「富士山を一度、見てみたかった」

ピサイさんは、そう口にした時だけ、小さな笑みを浮かべた。

だが、楽しみにしていた富士山は、まだ目にしたことがない。時間も、心の余裕もなかった。

来日したのは2016年7月。ブローカーに6千ドルの手数料を支払って、技能実習生となった。配属されたのは岐阜県内の縫製工場である。

高度な技術を学び、日本人と同等の給与が保証される——カンボジアでは、ブローカーからそう聞かされていた。

だが、「日本」はピサイさんの期待も希望も裏切った。

縫製工場の仕事は朝の8時半から始まる。ミシンを踏む。アイロンをかける。完成品を収めた段ボール箱を積み上げていく。それが「高度な技術」なのかといった疑問は、すぐに消えた。いや、休むひまもなく働き続けているうちに、考える余裕がなくなった。

仕事を終えるのは深夜になってから。ときに明け方近くまで働いた。毎月の残業は200時間を超えた。

毎月の基本給は6万円。残業の時間給は1年目が300円、2年目が400円、3年目にしてようやく500円。

ちなみに来日時の岐阜県の最低賃金（最低限支払わなければならない地域における賃金の下限額）は776円だった。現在は825円である。本来、割増が義務付けられている残業時給にしても、最低賃金に遠く及ばない。

しかも毎月の給与から4万円が強制的に預金させられた。通帳は経営者が預かったままで、自身が管理することはできない。

18年9月、同僚で、同じくカンボジア人のサン・スレイスオイさん（女性、22歳）と一緒に職場を逃げ出した。

「何のために日本にいるのか」

スレイスオイさんが言う。

「このまま働き続けては倒れてしまうと思った。ふたりとも限界だった」

シェルターを運営する「外国人労働者救済支援センター」所長で中国人の甄凱《けんかい》氏は、「実習生の雇用環境は、21世紀とは思えぬほどに前近代的」だと苦り切った表情で訴えた。

「地域最低賃に満たない給与は当たり前で、長時間労働も恒常化しています。まるで奴隷のように働かされている実習生は少なくありません」

このシェルターでは現在、17人の外国人実習生が生活している。国籍は中国、ベトナム、フィリピン、カンボジアなど様々で、いずれも職場の低賃金や過酷な労働に耐えられなくなって逃げてきた人々だ。労働組合による団体交渉や裁判を闘いながら、本来支払われるべき賃金を求めている。

中国人の張長蘭さん(女性、50歳)も、昨年9月にシェルターに駆け込んだ。

2015年から、やはり岐阜県内の縫製工場で実習生として働いた。勤務時間は朝の6時半から深夜0時まで。昼休みも夕食休憩もそれぞれ30分しか与えられず、最初の半年間は休日もなかった。

さらなる問題は給与だ。休日もないのに、基本給は月額13万8千円。そして、月に約3

00時間の残業を強いられながら、残業代は1万円しか支払われなかったのである。タダ働きに等しい。

張さんは地元の個人加盟労組に相談し、団体交渉を通じて未払い賃金の支払いを求めようとしたが、社長は交渉そのものを拒否。そればかりか、労組の担当者が会社を訪ねると、110番通報して警察まで呼んだのである。

こうしたこともあって、張さんはシェルターに保護された。現在も会社へ交渉を求めているが、社長は相変わらず拒否の姿勢を崩していない。

「本当はもう中国に帰りたいが、このまま泣き寝入りはしたくない」

張さんは疲れ切った顔でそう訴えた。

「日本に来たことを後悔している」

伏し目がちに話すのは長野県川上村のレタス農家で実習生として働いていた中国人の単興棒さん（男性、32歳）だ。

川上村は日本一のレタス出荷量を誇る「レタス王国」として知られているが、働き手のほとんどは外国人実習生である。

単さんは16年春に来日、村内のレタス農家で働いていたが、作業中に、農場経営者が運転する車にぶつけられ、左足を骨折した。しかも後遺症によって歩行に支障が出るようになったという。

「わずか3カ月で仕事ができなくなった。しかも後遺症のせいで帰国してからの生活も不安です。なのに関係者は補償に応じようとしません」

単さんもまた、補償交渉のためだけに日本にとどまり、シェルター生活を送らざるを得なくなった。この暮らしもすでに3年目。受け入れ機関の協同組合は、いまだ交渉に応じようとしていない。果たして〝解決〟を迎える日は来るのか。

「いま、何のために自分は日本にいるのか」

単さんはうめくように漏らした。不安はいま、絶望に変わりつつある。

結局――「外国人だからと軽く見られているんですよ」と前出の甄凱氏は言った。

こうした奴隷制度に等しい実習制度を放置したまま、政府はいま、さらなる外国人労働者の受け入れ拡大を狙っている。

これが現実だ。私たちの社会は外国人との「共生」を拒んでいる。

差別と偏見に苦しむ日系人労働者

何の解決策も講ずることなく、入管法は改正された。

政府は住居、教育、医療、社会保障などの制度的なバックアップには言及していない。

なにひとつ環境を整備することなく、人手不足を理由に一時的な労働力だけを増やそうとしているのが、今回の法改正なのだ。

ここで重要なのは、不足しているのが単なる「人手」ではないということだ。

「安価な労働力が不足していることが問題なのです」

そう指摘するのは日系ブラジル人専門の派遣会社（愛知県）の社長だった。

「自動車関連企業の主役はブラジルなど南米から来た日系人です。重労働の担い手となっています。自動車関連企業をはじめとする製造業の本音は、実習生並みの安価な労働力を確保することです。しかし、実習生がこうした工場労働に関与することは認められていません。だからこそ、日系人と実習生の中間に位置する労働力が必要だったのです。それが新たな在留資格の〝立ち位置〟ですよ。法改正の隠された狙いは、日系人よりも安価な労働力の確保にあることは間違いないと思います」

政府が断固として「移民」を認めることのない背景がそこにある。求められているのは、安くて使い勝手の良い、そしていつか必ず「帰ってもらえる」労働力なのだ。言い換えれば、日本への定着が進む日系人は、もはや〝用済み〟と見なされているのだろう。

だが、日系ブラジル人労働者の多くは、それでも日本人との〝格差〟を指摘する。

愛知県内の自動車関連工場で働く日系ブラジル人の女性（44歳）は、「どんなにがんばって働いても、差別と偏見から逃れることができない」と憤りを隠さない。

92年に来日してから、同じ工場に勤め続けた。それでもまだ、正社員になることはできない。

「何度も日本人と同等の待遇を求めてきた。そのたびに『ここはあなたの国じゃない』と我慢することを強いられてきました」

差別されてきたのは雇用形態や賃金だけではない。

「私の周囲では、妊娠しただけで、あるいはセクハラに抗議しただけで、契約を打ち切られた日系人の女性もいます。そうした経験だけを積み重ねてきたので、外国人労働者を増やすと言われても、結局、差別や偏見による被害者が増えるだけなんだろうなあ、という気もするのです」

外国人との「共生」を模索する韓国

私はつい最近、韓国・ソウル市の中心部にある「ソウルグローバルセンター」を訪ねた。国内に住む外国人のための〝生活相談所〟の拠点である。

韓国もまた、日本と同様、外国人労働者が増え続けている。かつては同じように実習生を受け入れ、過酷な労働環境が問題となったこともあった。韓国で外国人研修・実習制度を見直すきっかけとなったのは、１９９５年、ネパール人研修生が雇用・労働環境の改善を訴えてソウルの明洞大聖堂に籠城した事件である。ネパール人労働者は大聖堂の上から「殴らないでください。私たちは人間です」と書いた懸垂幕を掲げた。これが大きく報道されたことで政治も動き、後に同制度は廃止されたのである。

現在は、多文化共生の社会づくりに方向転換し、政策としての外国人サポートに力を入れるようになった。

ソウルグローバルセンターは13カ国語に対応し、韓国で暮らすうえでの様々な相談に乗っている。

「外国人を受け入れるのであれば、社会を構成する一因として、迎え入れる必要があります。そのためには、暮らしやすい環境を提供する義務が行政にある」

そのように力説するのは、同センターの相談員、パク・ソンウン氏だ。

ここでは住宅の借り方、医療機関の利用方法、ごみ収集に関する規則、運転免許の取得方法、趣味のサークルの紹介に至るまで、生活にまつわるあらゆる相談に応じている。また、グローバルセンターの出先機関である「ビレッジセンター」がソウル市内だけでも9カ所、労働問題専門の相談施設「外国人勤労者支援センター」が同様に8カ所、そして結婚や離婚、子どもの教育問題などを専門に扱う「多文化家族支援センター」がやはり市内だけでも24カ所、設置されているのだ。多文化家族支援センターだけでも、韓国全土に218カ所あるという。

「もちろん韓国社会にも、外国人に対する差別や偏見はある。ともに生きていくにあたって、問題はたくさんあります。しかし、そうした問題の所在を意識しながら、解決に向けて行政の側が率先して対応することこそ大事なのではないでしょうか」

日本が見習うべき点は、そこにあるのではないだろうか。

海の向こうから渡ってくるのは「労働力」ではない。生身の人間なのだ。

私たちがその認識を共有することこそ、「共生」の第一歩である。

国際交流の美名のもとで――川上村の教訓

「実習生抜きにはやっていけない」

日本一のレタス出荷量を誇る「レタス王国」こと、長野県川上村（人口4065人、2017年12月時点）。農閑期の今、畑地は霜で覆われ、村は漠々たる風景に閉じ込められている。

戸外に人の姿はない。農家を訪ねて、顔を見せた男性に声をかけた。「勘弁してください」。来意を告げると、農家の主人は顔の前で手を左右に振った。「『あの件』について、何も話したくないんです」。

次に訪ねた農家でも、玄関先にいた男性は警戒心と疑念に満ちた視線をチラと筆者に向けただけで、戸口をぴしゃりと閉じた。

「あの件」は、今も村に暗い影を落としている。14年11月、川上村農林業振興事業協同組合（現在は解散）が日本弁護士連合会（日弁連）から、村内農家で働く外国人技能実習生への人権侵害を理由に労働条件の改善などを勧告された件だ。組合は実習生制度の監理団体として、村内の実習生の保護に努める義務があった。

外国人技能実習制度は、発展途上国の人材を日本で受け入れ、労働を通じて技術を伝える制度。途上国の産業発展への寄与を目的とした、国際貢献活動の一つというのが建前だ。だが実際には実習生は安価な労働力として、幅広く国内産業界で活用されている。

現在、実習生の国内総数は約25万人。景気回復と少子高齢化を受け、国内の労働力不足が顕著になるのと歩調を合わせて増加しており、5年間で10万人増えている。ほとんどが中国やベトナム、フィリピンなどアジアの若者だ。

実習期間として認められるのは最長5年だが、村ではレタスの種まきがある4月から収穫が終わる9月までの繁忙期が基本的な受け入れ期間。わずか半年ではあるが、繁忙期のレタス農家にとって出荷作業は実習生頼みだ。夏場は村内人口の実に4人に1人が外国人実習生になり、全国で最も〝国際化〟した自治体になる。「実習生を抜きにしてはやっていけない」。ある農家の男性はそう言う。

それでありながらの人権侵害。日弁連の報告書には、村で行われていたという数々の侵害事例が記されていた。異常な長時間労働、残業代の過少計算、各種の罰金制度、「班長」と称する実習生のリーダーと農家が結託した恐怖支配、外出時における赤い帽子着用の強制――。

人手不足から実習生を受け入れる

調査チームの一員だった指宿昭一弁護士によると、この報告書は、現地調査だけでなくすでに中国に帰国した実習生の元にも足を運び、証言の裏取りを重ねて綿密にまとめたものだという。

村はこの件以前から、〝豊かな村〟として有名だった。藤原忠彦村長が著書『平均年収2500万円の農村』で、村内農家の平均年収は2500万円を超えている、と書いたことによる。

戦前までは、養蚕や子馬の生産でわずかな現金収入を得る寒村だった。転機は終戦直後。進駐米軍の需要で、米国人が好んで食べるレタスの生産を始めたときだ。高原野菜に適した冷涼な気候で、首都圏にも近い村を、米軍はレタス栽培地に指定する。

「いわゆる朝鮮特需もあり、レタスは村の主要産業として定着しました」。JA長野八ヶ岳川上支所の由井秀支所長は説明する。食生活の変化で国内需要も増え、村は「レタス王国」への道をひた走る。17年のレタス出荷額は全国トップの182億円に上った。

一方で、労働力の確保はつねに農家の課題だった。レタスの出荷は夏季限定の短期決戦。繁忙期は多くの人手が必要で、1990年代までは学生のアルバイトが主力だった。人手不足に悩む農家は学生への給与を競うように上げたため、日給1万円はざら。三度の食事も提供した。「もう、至れり尽くせり。人件費だけで経費の半分を超えた」（ある農家）。

だがそれでも人が集まらない。しかも学生はきつい仕事に嫌気が差すと、何のあいさつもなしに消える。人件費高騰も進んだ。農家の負担は増すばかりだったという。

負担といっても、年収2500万円もあれば？　と筆者が言いかけると、農家の男性は「違う、違う」と否定した。「それは1戸当たりの平均売上高。その6～7割が経費に消える。家族3人で働いていれば、1人当たりの年収は普通のサラリーマン以下です」

村は03年、初めて実習生を受け入れる。全員が中国人だった。以来、繁忙期になると実習生を呼び寄せた。受け入れ人数は急速に増え、日弁連勧告の直前（13年）には800人を突破した。

「中国人はきつい作業でも音を上げない。しかも自炊を好む彼らには、賄い飯も必要ない。日本人の学生を雇うことなど考えられなくなった」。レタス農家の男性は言う。

2500万円の真実を知ってしまえば、人件費を抑えたいと言う気持ちも理解できなくはない。だが、人権を踏みにじるような劣悪な労働環境を、なぜ貴重な労働力である実習生に強いたのか。

「人権侵害と指摘されたのは心外」

川上芳夫副村長に話を聞いた。

副村長はこれまで実習生問題について、「誤解されるので取材には応じてこなかった。村の関係者にも取材を拒否するよう求めてきた」と言う。その副村長が口を開いて主張するのは、「そもそも日弁連の報告書が間違っている。批判された事例の多くがデマか誇張。村が悪者にされた」という見方だ。

村内で物産店を開いていた中国人男性が、村とのトラブルをきっかけに、私怨に基づいて「あることないこと」を各所へ告発したのではないかという。その告発に日弁連が乗っかった、というのが副村長の理解だ。

「人権侵害などと指摘されたのは心外。通帳を預かったり、そろいの帽子を着用させたりしたのは事実ですが、いずれも実習生の安全を考えてのこと。罰金制度に至っては存在もしない」（川上副村長）

だが筆者が入手した実習生向けの「研修規則」には実際に、「自転車に乗ったら2000円」「飲酒やけんかは3000円」といった罰金額が中国語で明記されていた。

前述の、デマの流布を疑われた男性にこの文書を見せると、「確かに数年前まで存在したもの。これが実習生の自由を奪っていた」と話す。「人権侵害は事実であり、私は多くの実習生から相談を受けました。村の閉鎖的な体質が、よそ者の私を扇動者に仕立て上げたのです」。また、日弁連の調査に同行した地元労組関係者は、「罰金制度を記した紙が、一部農家の玄関に貼られていた」とも証言する。

協同組合の元役員にも聞いた。罰金文書の存在こそ認めたが、組合が作ったものではないという。「中国側の送り出し機関が作成したものと認識しています。罰金制度に組合はかかわっていない」。ただ、これを使って生活指導した農家があったとも話す。「要するに、われわれも勉強不足だったのです」

あれから3年。日弁連の勧告後、一時急減した実習生の数は再び増加に転じる。村内の在留外国人数は、17年6月時点で973人に上った。勧告当時は中国人が中心だったが、近年はフィリピン、ベトナムからの実習生が重要な働き手となっている。

実習生の労働者としての立場を守る

反省を基に現在は、農家が実習生に違法・不当な労働条件を設けていないか、村が厳しく監視しているという。班長制度や外出時の帽子着用義務は撤廃した。通帳の管理も実習生に任せている。賃金や各種手当の未払い、不当な長時間労働にも目を光らせる。

「実習生に気持ちよく働いてもらうことが大事。それが村の利益にもつながる。認識が甘

かった部分はあったと思う。だから改めるべき点は改めた」（川上副村長）

報告書では劣悪な住環境も問題視された。現在村内では、実習生用宿舎の新築工事が進んでいる。レタス農家を営む古原和哉氏（56歳）も、1000万円以上をかけて冷暖房完備、4LDKの宿舎を造った。

この宿舎には農閑期の今も、中国人実習生2人が暮らす。村では珍しい、3年契約の実習生だ。

「繁忙期だけでは技術が身につかない。今は仕事が少ないが、給与を払って繁忙期に覚えきれないことを学んでもらっている。農家にとって都合のよい、使い捨ての労働者にはしたくない」（古原）。

古原氏の元で働く中国・吉林省出身の王洪濤さん（36歳）は、「待遇には満足している」と笑顔で答える。切り詰めた生活ではあるが、「新車1台分」ぐらいの貯金もできたという。

古原氏はレタスを大手ハンバーガーチェーン店などに卸している。「近年は取引先も実習生の労働環境を注視している。法令違反などできるような状況にはない」（古原氏）。サプライチェーンに向ける企業の厳しい目が、実習生の労働現場を変える一助となっている。

だが、実習生に関する問題が皆無というわけでもない。

「日本で働いたことを後悔している」。伏し目がちに話すのは、16年に村で働いていた中国人実習生、単興棒さん。現在は岐阜県の外国人保護シェルターに身を寄せている。前述したように、単さんは作業中に、農場経営者の車にぶつかって左足を骨折。後遺症によって歩行に支障が出るようになったという。「来日してわずか3カ月で仕事ができなくなった。後遺症があるので、帰国後の生活も不安。なのに村の関係者は補償に応じようとしません」

単さんを保護しているNPO法人外国人労働者救済支援センターの甄凱所長もこう訴える。「雇用主たちは当初、わずかな見舞金で単さんを帰国させようとしました。外国人実習生だからと、軽く見られたのだと思います」

単さんが働いていた農家と、受け入れ機関（広島県に本部を持つ事業協同組合）の双方に問い合わせた。だが両者とも、「話すことはない」と取材を拒否した。

今回、長く話を聞いた副村長とは意見の相違が多かったが、一点だけ、筆者と認識が一致した。

「現行の実習制度は、実態を無視したまやかしの制度に過ぎない。まずは実習生が労働者であることを認める。そのうえで働いてもらうのが筋だ。そもそも転職の自由すら認められない労働の制度なんて、おかしいのではないか」（川上副村長）

産業発展や国際交流を名目としながら、内実は使い勝手のいい安価な労働力。そんな矛盾した制度を運用し続けるかぎり、実習生の労働者としての立場は本当の意味で守られることはない。川上村で起こったことは、実習生に依存するすべての自治体と産業が直視すべき教訓だ。

「僕を日本にいさせてください」――「不法滞在」を問われたタイ人親子

タイ人母子が再会するまで

空港の到着ロビーで母親の姿を視界にとらえると、ウォン・ウティナン君（19歳）の顔に笑みが浮かんだ。小走りで母親に近づく。2年ぶりの対面だ。母子はしっかり抱き合った。

タイ東北部、ラオス国境に近いウドンターニー。ウティナン君の母親、ロンサーンさんが生まれ育った町である。

私がウティナン君と一緒にここを訪ねたのは2019年2月のことだ。

到着出口から駐車場に向かう間も、母子はつないだ手を離さない。

よかったね――私がそう声をかけると、二人は笑顔で返した。

「ようやく会えたよ」

ロンサーンさんはそう言いながら、もう一度、ウティナン君を抱きしめた。

まるで恋人同士のようにも見える二人の姿を眺めながら、この日に至るまでの長い時間を思った。

ロンサーンさんが「飲食店での仕事を紹介する」と話すブローカーの斡旋で、生まれ育ったウドンターニーを離れて日本に渡ったのは1995年秋だった。貧しい家族の生活を助けることができると考え、出国費用を借金してまかない、成田空港に降り立った。

仕事先が単なる「飲食店」でなかったことは、来日してすぐに配属された店で気がついた。新小岩（東京都葛飾区）のその店は、スナックの看板を掲げてはいたが、酒よりも生身の人間を「売る」ことを目的としていた。

とはいえ、多くの人身取引被害者と同様、借金を抱えた身で逃げ出すことなどできるわけもない。母親は意に沿わない仕事を強要され、そのまま滞在期限を過ぎても日本にとどまることとなった。

その後、ブローカーが入管に摘発されたこともあり、山梨県に移住。そのころに知り合ったタイ人男性との間に生まれたのがウティナン君だった。

だがしばらくして男性と別れた母親は、ウティナン君を連れて各地を転々とした。不法滞在の発覚を恐れて逃げ回る生活が続いたのだ。

ウティナン君は幼少期、部屋の中で隠れるようにして過ごした。だから幼稚園にも小学校にも通っていない。

11歳のとき。「学校に行きたい」というウティナン君の願いに応えるべく、母親は甲府市内で在日外国人の人権問題に取り組む市民団体「オアシス」に相談する。

ウティナン君は、まず「オアシス」で学習支援を受けた。それまで学校教育と無縁に過ごしてきたウティナン君は日本語も不自由であったばかりか、二ケタ以上の足し算もできなかった。しかし、「学ぶ」ことに楽しみを得たウティナン君は一気に学習の遅れを取り戻す。周囲も驚くほどに、きわめて短期間で同世代の子どもたちと同等の学力を身につけたのだ。

「このまま僕を日本にいさせてください」

「オアシス」は地元の教育委員会と交渉し、翌年、ウティナン君は無事に中学校へ編入することができた。

友人も増え、学校生活を楽しむウティナン君の姿を見て、母親もこのまま日本で暮らし続けることを望むようになった。2013年、母子は東京入国管理局へ出頭し、在留特別許可の申請をした。

在留特別許可とは、法務大臣の裁量により、たとえ滞在資格はなくとも、生活歴や家族状況などを考慮し、人道的配慮で判断されるものだ。

だが入管当局はこれを認めず、母子は強制退去処分を受けることとなった。処分の取り消しを求め、母子は裁判を通して入管当局と争うことになるが、裁判所はこれを認めず、母子を「不法滞在」と断じたうえで、国外退去を命じた。

ウティナン君は日本で生まれ育った。簡単なタイ語の会話は可能だが、読み書きはできない。彼にとって母語は日本語なのである。しかも日本社会で日本の友人たちに囲まれ、中学、高校と通ってきた。裁判所の判断は、こうした実情をまったく無視したものだった。裁判をしている間、法廷にはウティナン君の同級生の親たちが詰めかけた。もちろん同級生たちも必死に彼を支援した。

ウティナン君が周囲の仲間に自分に在留資格がないこと、強制退去処分を受けていることを打ち明けたのは14年8月である。通っていた中学校の合唱コンクールの練習後、皆の前で訴えた。

「僕は日本で生まれ育ち、日本語しか話せない。友達も日本人。しかしいま、タイに帰れといわれている。タイには行ったこともないし、言葉も話せない。だから裁判で闘いたい」

ウティナン君の突然の言葉に、泣き出す同級生もいたという。

以来、同級生たちは「ウティナン君を強制退去しないでほしい」と署名活動に走り回った。

だが、その願いも届かなかった。

ウティナン君は判決後の会見で次のように話した。

「このような結果が出てしまい、動揺しています。16年間、日本で生活してきました。日本で生まれて、生きてきたことを否定された気持ちです。日本には支えてくれる人や友達もたくさんいます。このまま僕を日本にいさせてください」

「国際化」を謳う日本の実像

結局、母子は苦渋に満ち満ちた決断をした。

母親のロンサーンさんだけが帰国することになったのである。

日本生まれのウティナン君に関しては、在留特別許可のガイドライン（在留許可を出すために必要な基準）に照らし合わせても、なんら消極事由がない。母親のみが帰国すれば、ウティナン君だけは「助かるのでは」という判断だった。

このとき、ロンサーンさんは涙ながらに私にこう話している。

「せめて、ウティナンだけは日本に残って勉強を続けてほしい。息子は日本で生まれ育ち、日本のことしか知らない。いま、タイに行っても、貧しい暮らしの中でどうやって成長させてあげたらいいのか、わからないんです」

一種の賭けだった。ここまでしなければ、親子が離れて暮らすような選択をしなければならないのが、「国際化」を謳う日本の現実の姿なのである
2017年9月15日、母親のロンサーンさんはタイに帰国した。

この日、ウティナン君は学校を休み、成田空港まで母親に付き添った。

空港内で、あのときもやはり、母子は手をしっかりとつなぎ、片時も離れることはなかった。

駆け付けた地元メディアがロンサーンさんをインタビューしている間も、彼女はウティナン君のシャツの裾をつかんで離さなかった。

搭乗時間が近づいたとき、出国ゲートの手前で二人は立ち止まった。息子は両手で母親を抱きしめた。じっと抱き合ったまま動かない。

そして意を決したように母親は息子の肩に乗せた手をほどき、出国ゲートの向こう側に足を進めた。何度も振り返る。互いに手を振る。

ウティナン君はしばらくの間、そこに立ち続けた。唇をかみしめ、微動だにしない。必死に悲しみと闘っているようにも見えた。

母親が乗った飛行機を見届けたい

「一緒に行けばよかったのかな。せめて、飛行機に乗るまでそばにいたかった」

近寄った私に、彼はそう漏らした。

離れて暮らすことは、母子が悩みぬいた末の決断だった。

ましてや17歳の少年にとって、それはどれほどに重たく、そして苦痛を伴ったものであっただろうか。疑念も後悔もあったに違いない。

以前、彼は「誰であっても、いつかは親と離れて生きていかなければならない。僕の場合、それが少し早くなっただけ」と私に話していた。

だが、成田空港での彼は、ただの子どもだった。母親にしがみついて離れない、幼子のようだった。

ロンサーンさんが出国ゲートに消えると、ウティナン君は母親が乗った飛行機を見届けたいと私に訴えた。

滑走路を見渡すことのできる展望デッキに案内すると、ウティナン君は金網越しにバンコク行きのスクート航空機を見つけ、それから1時間余り、ひたすら駐機場を凝視し続けた。

そのうち飛行機がゆっくりと動き出す。ウティナン君はそれを目で追う。いや、体で追いかけた。

滑走路を移動する飛行機に合わせて見学デッキを速足で歩く。どうなるわけでもない。だが、彼は飛行機を追いかける。

「飛んじゃった」

飛行機が離陸すると、ウティナン君は気が抜けたような表情でつぶやいた。

――行っちゃったね、お母さん。

「行っちゃいましたね」

――残念だね。

「寂しいです。これまで、ずっと一緒にいたから」

空港の中を歩きながら、ウティナン君は何度も周囲をきょろきょろと見まわした。

「お母さん、日本語も不自由だし、おっちょこちょいだし、もしかしたら飛行機に乗り損ねて、そこらへんで僕のことを探し回ってるんじゃないかなあって、心配になるんです」

彼は雑踏の中に母親の姿を探し求めた。何度も何度も後ろを振り返った。

強制帰国処分に怯える無数の親子

結局、母親が帰国したことで、ウティナン君は短期の在留資格を得ることになった。

「オアシス」の関係者をはじめ、多くの支援者が入管に働きかけた結果でもある。

今後、在留資格の更新を重ねながら、永住への道を探っていくことになる。

そして高校卒業を控えた19年2月に、ウティナン君は母親を訪ねてタイに旅行することを決めたのだ。彼は同年春から山梨県内の製パン工場で働くことが決まっている。就職してしまえば、しばらくは仕事に追われることになる。長期の休暇もとりにくい。そこで、この時期にタイへ行くこととなったのだ。

約1週間の滞在だった。

母子は2年間の空白などなかったように、一緒に食事をし、冗談を言い合い、近隣での観光を楽しんだ。

ウドンターニー郊外にあるロンサーンさんの実家で、私は初めてウティナン君とプライベートな話をしながら長い時間を過ごした。

私たちは南国の乾いた風が吹き込む高床に寝ころびながら、飽きることなく話し続けた。ウティナン君の将来について、学校のこと、彼女のこと——。

私は彼に聞いた。

——今回のタイ旅行、どうだった？

ウティナン君は「う～ん」と少し考え込み、少しの間を置いてから、こう答えた。

「ふんぎりがつきました」

そっか。そうだよな。私はそれ以上のことは聞かなかった。

そのとき、私の横にいたウティナン君は、もう、かつてのウティナン君ではない。入管による摘発を恐れ、学校にも通わず、家の中でじっと母親の帰りを待っていたウティナン君とは違う。母親の乗った飛行機を追いかけ、機影が雲に消えた後もまた、寂しそうに周囲を不安げに見回すウティナン君でもない。

彼は、これからもひとりで日本で生きていくことを決めた。これから先に何があるのかは、わからない。だが、ウティナン君は「ふんぎり」をつけたのだ。いや、そのために彼はタイに足を運んだのだろう。覚悟を決めるための旅だった。

19歳の春に相応しい、彼の成長を私は感じた。

だが一方で、これを美しい母子の物語にしてはいけないと私は思っている。

この母子に苦痛を強いたのは誰なのか。引き裂いたのは誰なのか。当たり前のように、平穏に、普通に暮らしていくことを諦めさせたのは誰なのか。

ふたりをここまで追いやったのは、口先だけの「国際化」を唱えながら、外国人を治安の観点でしか見ていない、日本社会だ。

そして、いま、日本には無数のウティナン君がいる。強制帰国処分に怯えながら、当たり前に生きていくことすらできない、無数の親子がいる。

開かれた日本？　冗談じゃない。私たちが暮らす社会では、権力が簡単に親子を引き離してしまうような「制度」が許容されているのだ。

どれだけ外国人の数が増えようと、移民国家にふさわしい環境整備は何もできていない。

第三章

デマと愛国・沖縄編

デマと愛国・沖縄編

知事選で真偽不明の情報が飛び交う

「デマとの闘いでした」

2018年9月におこなわれた沖縄県知事選を振り返るのは、玉城デニー氏（現知事）陣営でスタッフとして活動した会社員（40歳）だ。

「告示直後から真偽不明の情報が飛び交った。しかもそのほとんどが玉城氏を貶める内容のものでした」

玉城氏には逮捕歴がある。隠し子がいる。金銭トラブルを抱えている。中国による沖縄侵略を手助けしている……ネット上に書き込みが相次いだ。いかにも公的機関がつくったかのような「選挙サイト」も登場した。中立を装いながら、そこにはさりげなく玉城氏を中傷する情報が書き込まれていた。

ネットだけではない。過激派や中国が「沖縄を狙っている」として、玉城陣営にダメージを与えようとする〝紙爆弾〟もポスティングされた。

この会社員は同年1月におこなわれた同県名護市長選の「悪夢がよみがえった」という。

その時もやはり、ネット上にデマがあふれた。多くは米軍の新基地建設に反対する稲嶺進氏（前市長）を中傷するものだった。

「この時も稲嶺陣営に選対スタッフとして詰めていました。当初優勢とされていた稲嶺氏が敗北したのは、相手陣営が流したと思われるデマのせいだと思っています」

プロ野球球団・日本ハムがキャンプ地である名護から撤退する、などといったデマが大量に流されたが、ネット対応が後手に回ったために、気が付けば選挙権のない子どもまでもが稲嶺批判を口にするほどとなっていた。

「ですから知事選では、とにかく〝デマ潰し〟に躍起となった。相手陣営は人海戦術でネットに玉城氏のネガティブ情報を書き込み、さらにインフルエンサーと呼ばれる著名人が拡散させていました。名護市長選ではなすすべもなかったけれど、今回はそれに対抗するため、こちらもネット監視を強化し、デマ情報を見つけたら即座に反論の書き込みをするといった態勢をとったのです」

こうしたモグラ叩きのような戦術が功を奏したのか、知事選ではぎりぎりのところでデマの浸透を防ぐことができた。

同県でネットリテラシー（社会的なモラルを持ってインターネットを使用する態度のこと）の啓発活動を続けている島袋昂氏（31歳）も、流布されるデマ情報に危機感を持ったひとりだった。

デマが地域を破壊する

島袋氏は知事選が始まるまで政治的な発言は一切してこなかった。特定の政党や人物に肩入れしてきたわけでもない。だが、知事選期間中に増大したデマの書き込みには閉口した。

「誤った情報は、結果的に地域を破壊していくと思ったんです。公正であるべき民主主義がまるで機能しなくなる。とてもじゃないが、指をくわえて見ているわけにはいかなかった」

島袋氏はネット上で出回るデマをチェックし、ツイッターでQ&A方式を用いて反論した。

〈Q　基地を減らしたら中国から侵略されるのでは。

A　飛躍しすぎです。リスクでいうと中国の侵略よりも、海兵隊の事故リスクのほうが高いのでは〉

こうした形で140文字の設問・回答を連続投稿した。

県内では「モバイルプリンス」の愛称で知られる島袋氏だけに、反響は大きかった。

「わかりやすい」と歓迎してくれるネットユーザーもいれば、中傷のコメントも寄せられた。

「沖縄の新聞で（連載記事執筆の）仕事しているから偏向しているんだ」と書き込んだユーザーに対しては、「沖縄の新聞の原稿料の安さはヤバいです。カネのためならばカネのありそうな陣営を忖度《そんたく》します」と返した。

ネットにデマはつきものだ。しかし、放置していたら地域社会はめちゃくちゃになる。

島袋氏がそう強く感じるようになったのは、2017年のことだ。

県内で「教育委員会からの情報」だとするデマがネット上で広まったことがあった。路上で中国人が麻酔薬を染み込ませた海産物を押し売りし、それによって意識を失った人が続出、なかには臓器を抜き取られた人もいる、といった内容である。事実であれば警察も動いただろうし、報道されないほうがおかしい。しかし、報道されないのは地元新聞社が「中国に配慮したからだ」といった情報も出回った。

島袋氏は当初、バカバカしいと放置していた。しかし、周囲でそれを信じる人も現れた。中国人に対する嫌悪や憎悪を口にする人もいた。全く根拠のないデマを理由に、中国人への偏見が広まっていくことに恐怖を感じた。

沖縄では観光客の主役は中国人である。沖縄を好きになってくれるかもしれないゲストに、もしかしたら危害が加えられてしまう可能性だって否定できない。

このままでは地域が分断されていく――そう感じた島袋氏は地元新聞社で連載しているコラムでデマを否定した。

「汚されたら掃除しなければならない。地域を守るためにもそうすべきだと考えたんです」

差別排外主義団体による「反移民デー」

だからこそ選挙期間中も「掃除」に努めた。特定候補を応援するためではなく、「地域を守るため」だった。

知事選の最中には、沖縄の地元紙も、初めてデマと正面から向き合った。『琉球新報』はデマを検証するファクトチェック記事を連載した。

「過去の選挙報道では、いちいちデマと向き合うようなことはしてこなかったが、そのためにデマが事実として定着してしまう経過も見てきた。内心忸怩《じくじ》たるものがあったんです」

そう話すのは連載記事を担当した滝本匠記者だ。「ニセ世論調査」「安室奈美恵さんの候補者支援」など、同紙ではデマが疑われる4本の検証記事を掲載した。

「正確な情報を提供するのが報道機関の役割です。明らかにデマとわかる情報を放置せず、検証したうえで記事化するのは、民主主義の砦《とりで》として不可欠な要素だと思います」

あえてデマを取り上げることに危惧もあったという。

「記事化することで、かえってデマが広まってしまうかもしれないというおそれもありました。しかし、目の前にあるフェイクニュースを放置するわけにはいかない。一部の誤情報は、首長経験者や著名人なども流布に手を貸し、大きな影響を与えていました。誤った情報に目を光らせずして、何のための新聞か、とも思うのです」

そして、滝本記者はこう付け加えるのである。

「デマは社会を破壊します。民主主義をも壊していきます」

２０１８年10月14日、全国28都市で「反移民デー」と称して、差別排外主義団体による一斉街頭宣伝がおこなわれた。

たまたま沖縄で取材中だった私は、那覇の県庁前でおこなわれた街宣に足を運んだ。

「日本を崩壊させる移民政策に断固反対」と記されたプラカードを掲げていたのは「日本第一党」沖縄支部を名乗る男性だった。

なぜ「移民反対」なのかと問うと、「外国人がいると日本が日本でなくなるから」だと答えが返ってきた。

さらに質問を続けた。

――どんなことで「困る」というのか。

「治安が悪化する。実際、外国人犯罪が増えているではないか」

どんなデータに基づいたものなのか、どのくらい増えているのかと問うても、男性はニヤニヤ笑うだけで答えない。結局、男性は自ら根拠を知ることもなく、外国人に対する差別と憎悪を煽っているだけなのだ。

災害時に煽られる外国人差別

刑法犯検挙人員に占める来日外国人の犯罪は、これまで3%を超えたことはない。外国人犯罪が急増しているといったデータもない。

だが、この男性のように外国人といえば「犯罪」を連想する者は決して少なくないのだ。思い込みが差別を生み出す。憎悪を煽る。デマは確実に社会も人も荒《すさ》ませていく。

日本社会の記憶に残るのは、関東大震災（1923年）直後の朝鮮人殺戮《さつりく》だ。「朝鮮人が井戸に毒を投げ込んだ」「暴動を企てている」といったデマが流れ、関東各地で何の罪もない朝鮮人が問答無用で殺された。標準語を話すことができなかったため、朝鮮人だと疑われて殺害された沖縄や東北出身者もいる。関東大震災に関する政府の中央防災会議報告書も「流言が殺傷事件を招くとともに救護にあてるべき資源と時間を空費させた」と指摘している。デマは暴走すると、人の命をも奪う。

これを遠い昔の話だと言い切ることができないのは、いまなお、自然災害が発生するたびに、外国人への偏見を煽るデマが流されるからだ。

２０１６年の熊本地震。ネット上ではデマツイートが出回った。

〈朝鮮人が井戸に毒を投げ込んだ〉

〈朝鮮人を確認するには「ガギグゲゴ」と言わせてください〉

まさに関東大震災時の「流言」の焼き直しである。

また、２０１８年７月の西日本豪雨。大勢の被災者が避難所生活を強いられるなかで、ツイッターに次のような「つぶやき」が投稿された。

〈火事場泥棒の中国人、韓国人、在日朝鮮人たちが避難所に居る間に狙ってますのでご注意下さい、それと女性は単独行動は危険です、奴らは日本国民浄化計画で災害時に実行します〉

デマであると同時に、特定の国の国民、在日外国人を貶める醜悪なヘイトスピーチでもある。実際、被害地域で外国人による犯罪は報告されていない。

西日本豪雨に際しては他にも「朝鮮人が暴動を起こす」「中国人が空き家に入って窃盗

している」「見つけたら殺しましょう」といったツイートが書き込まれた。

さらに同年6月の大阪北部地震でも、同様に在日外国人への差別を煽るツイートがあふれた。

〈みんな気をつけろよ　スリーパーセルが動き出す〉〈新幹線の次は地震。スリーパーセルの仕業だな〉

同年2月、国際政治学者の三浦瑠麗氏がテレビの情報番組で「大阪にはスリーパーセルが多い」と発言したことの影響であろう。

災害時に発生する外国人差別のデマには何の根拠もないが、しかし、材料を与えているのは、こうした著名人であるケースも多い。

人を死に追いやることもある

沖縄では知事選期間中、基地に反対する市民が女児を暴行したといったデマ情報がネットに流れたが、ツイッターでの流布に〝貢献〟したのは、フォロワー数32万人（当時）の作家・百田尚樹氏だった。

私はこの〝事件〟が話題となった直後に地元警察署などを取材したが、同署幹部をはじめ、事実関係を認める者はひとりもいなかった。だが、情報はネット上を独り歩きし、沖縄で基地に反対する者は暴力的といったデマがふくれあがり、さらには基地反対派の多くは韓国人や中国人といった新たなデマをも生み出していったのである。

私はこの10年間、日本社会における外国人差別の問題について取材を重ねている。

差別や偏見の〝原動力〟となるのは、多くの場合、事実に基づかない情報、つまりはデマであった。

たとえば、今世紀に入ってから在日コリアンへの差別を助長させた文言としては「在日特権」なるものがある。特権とは優越的権利のこと。つまり、在日コリアンは日本人以上に、制度的に恵まれている、とする言説だ。

果たしてそんなものが存在するのか。バカバカしいと思いながらも、私は入管行政をつかさどる法務省や、自民党国会議員にも「在日特権は存在するのか」と質問をぶつけてきた。言うまでもない、それを肯定する行政関係者などひとりもいなかった。

だが、いまでもネット上では荒唐無稽《むけい》、妄想の類いとしか言いようのない「特権」が書き込まれている。

在日は税金が免除されている、在日は水光熱費が免除されている、生活保護利用者の8割は在日だ――。

そんな制度的保障、あるわけがない。事実無根のデマゴギーだ。だが、これに乗っかる者たちがいる。これを信じる者たちがいる。あるいはデマとわかりつつも、差別したいがためにこれを利用する者たちがいる。

そして、そこに憎悪が生まれる。在日コリアンなどマイノリティーに対し、「死ね」「殺せ」と絶叫しながら街を練り歩くムーブメントまで生み出してしまったのだ。

繰り返そう。デマは単なるうわさ話とは違う。前出の滝本記者が述べたように、社会と人を壊すものだ。そして、社会に亀裂と分断を持ち込み、時に人を死に追いやるものでもある。

だからこそ、あえて「愛国者」や「保守派」を自任する人々に訴えたい。

これ以上、日本を壊すな。

無自覚な沖縄差別の深層

「土人」発言は「県民に対する侮辱」

米軍ヘリパット建設工事が進められる高江（沖縄県東村）で、大阪府警から派遣された機動隊員が建設反対派に向けて「土人」「シナ人」と暴言を吐いたのは2016年10月のことだった。

少なくとも高江で反対運動に参加している市民にとって、機動隊員の「土人」「シナ人」発言に唐突感はなかった。機動隊員の暴言はいまにはじまったことではないのだ。「バカ」「気持ち悪い」「犯罪者」「ババア」――。こうした言葉が日常的に飛び交っていた。

「暴言の類は珍しくない。我々は最初から敵として扱われている」

そう話すのは高江でヘリパッド建設反対運動を続けている沖縄平和運動センターの大城悟事務局長だ。

地元（東村）村議の伊佐真次氏も「高江に常駐する機動隊には市民運動を敵視する体質がある。けっして機動隊個人の資質の問題ではない」と指摘する。

「土人」発言に多くの沖縄県民が憤っているのは、そこに沖縄への蔑視と偏見を見るからだ。

一部には反対派市民の罵声を取り上げ「どっちもどっち」と論ずる向きもある。確かに機動隊員個人の人格を貶めるような罵声は慎むべきだろう。だが、圧倒的な公権力を持った側と対等に並べることじたいがおかしい。ましてや差別発言解消の責務を負った公務員の発言であればこそ許されるものではない。

同年10月28日、沖縄県議会は「県民に対する侮辱」だとする抗議・意見書を可決した。意見書は次のように訴えている。

〈「土人」という言葉は「未開・非文明」といった意味の侮蔑的な差別用語であり、「シナ」とは戦前の中国に対する侵略に結びついて使われてきた蔑称である。この発言は、沖縄県民の誇りと尊厳を踏みにじり、県民の心に癒やしがたい深い傷を与えた。沖縄戦では本土防衛の捨て石にされ、戦後27年間は本土から切り離され米軍占領下に置かれ、そして今なお全国の米軍専用施設面積の74％が集中しているもとで沖縄県民は基地あるがゆえの事件事故に苦しめられ続けてきた。今回の発言は、沖縄県民の苦難の歴史を否定し、平和な沖縄を願って歩んできた県民の思いを一瞬のうちに打ち砕いたものと言わざるを得ない〉

ベトナム住民を「土人」と呼んだ米兵

また、翁長雄志知事（当時）も会見で、他都府県警から派遣の機動隊員について「引き取ってもらいたいという気持ちはある」と述べ、県外機動隊の撤収に初めて言及した。

差別発言の〝舞台〟となった高江の米軍北部訓練場の正式名称は「ジャングル戦闘訓練センター」である。文字通り、ジャングルでの対ゲリラ戦に備えた訓練場だ。

60年代、ここではベトナム戦を想定した訓練がおこなわれていた。敷地内にはベトナムの集落を模した「ベトナム村」がつくられ、高江の住民も〝現地人〟役を務めるために動員された。

米軍出撃基地だったという事情も含め、沖縄にとってベトナム戦争は遠い場所の出来事ではない。

そのベトナム戦争時、米兵は現地住民を「Gook」と呼んでいた。「土人」を意味するスラングである。占領期の沖縄でも使われていた時期があるという。

そこには支配と服従の関係を強いる植民地的視点が内在している。有体に言えば、人間として「同格」であることを拒んだ言葉でもある。

沖縄は、そうした視線にさらされてきた。米国からも、そして日本からも。

かつて大阪や東京でアパートの大家が「琉球人お断り」の貼り紙をするのは珍しいこと

ではなかった。就職差別もあった。ネット上にはいまでも沖縄を侮蔑、差別する言葉があふれている。歴史をさかのぼれば、琉球処分のころから、沖縄は蔑まれてきた。差別は連綿と続いている。

沖縄出身で、大阪において「関西沖縄文庫」を主宰する金城馨氏は「土人発言も日本人の意識の問題ですよ。日本人がずっと持ってきた、沖縄へのまなざしが具体化されただけ」と突き放すように答えた。

「沖縄を下位に置くことで、本土の優越意識が保たれているんじゃないですか」

「土人」発言が問題となったとき、沖縄の新聞各紙が「人類館事件」を引き合いに、けっして風化されることのない沖縄差別を論じたのは当然だった。

人類館の「七種の土人」

1903年、大阪で内国勧業博覧会（大阪万博）が開催された。当時、万博は近代国家を誇示するための重要なイベントだった。1851年にロンドンで初めての万博が開催されて以降、各国は競うように万博を開催した。19世紀は「万博の時代」でもあった。1867年のパリ万博には、日本からも幕府、薩摩藩、佐賀藩が初参加した。近代の波に乗り遅れるなと、日本で最初に万博が開催されたのは1877年。「万国」と銘打つほどには参加国を集める資力がなかったので、正確には内国勧業博覧会とした。その5回目の内国勧業博覧会が大阪で開催されたのである。会場となったのが現在の天王寺一帯だった。

会場正門前、現在の通天閣近くの場所には、政府所管以外の民間パビリオンが並べられた。

そのひとつが「人類館」である。

当時の「人類館開設趣意書」には次のような記載がある。

〈異種人即ち北海道アイヌ、台湾の生蕃、琉球、朝鮮、支那、印度、爪哇《ジャワ》、等の七種の土人を傭聘《ようへい》し其の最も固有なる生息の階級、程度、人情、風俗、等を示すことを目的とし各国の異なる住居所の模型、装束、器具、動作、遊藝、人類、等を観覧せしむる所以なり〉

要するに――台湾先住民族、アイヌ民族、沖縄人、朝鮮人、インド人、インドネシア人、中国人といった生身の人間を「七種の土人」として展示、見せ物にするという企画である。

当然ながら、この企画には多くの抗議が寄せられる。

なかでも沖縄の新聞は「同胞に対する侮辱」であるとして、連日、大キャンペーンを張った。

当時の沖縄紙は「沖縄人が憤慨に絶えざるの一事これあり候」「設立者の意図は野蛮風に見せるのが明らか」「虎や猿の見世物と変わらない」と怒りの筆致で埋められた。

一方、沖縄知識人の一部は「日本への同化」を急ぐあまりに、この事件を〝利用〟した。これら知識人は〝展示〟された琉球人が娼妓であったことから、「よりによって賤業婦とは」と、露骨な女性差別、職業差別を繰り返した。さらに台湾先住民族などに対しても「一緒にしないでほしい」といった論調も展開している。「日本人」として認められないことへの憤怒でもあったのだ。

下が下を蔑む日本の差別構造

貶められた者が、さらに下位に位置付けたものを貶めるといった、差別の連鎖を表面化させた。日本の同化政策、他民族への差別意識といった様々な問題が見て取れる。

そうした点からも、人類館事件は多くの問題を提起している。

結局、沖縄側からの抗議によって「琉球人展示」は開催半ばで中止となったが、人類館は万博終了まで〝見世物〟を続けたのである。

各国からの非難も相次ぎ、その後の万博において、人類館のようなパビリオンは登場していない。

だが、生身の人間が〝展示〟されたという事実は消えない。

「土人」発言に沖縄の人々が怒りを抱くのは、こうした忌まわしい歴史を思い出すからでもある。

そもそも、米軍専用施設の7割以上が、国土の0・6％しかない沖縄に集中していることじたいが、不均衡・不平等である。

沖縄の多くの人たちが発しているのは常にシンプルな問いかけだ。

「沖縄に基地は多すぎませんか？」

何十年間も、この問いかけを投げては無視されてきた。いや、それどころか「本土」は自らが抱えた米軍基地を沖縄に追いやってきたのではなかったか。

富士や岐阜にあった米軍の海兵隊基地は住民の反対運動によって撤去された。しかし、日本から消え去ったわけではない。これらはすべて沖縄に移されただけなのである。そして、沖縄ではどれだけ基地反対運動を続けても、基地が動くことはない。

第二次大戦で沖縄が戦場となったとき。日本軍が沖縄住民をスパイ視して虐殺した事例は、「本土」の人間は忘れても、沖縄ではいまでも語り継がれている。

2011年にケビン・メア元米国務省日本部長が「沖縄人は東京政府を『あやつり』『ゆする』名人」と発言した際、「本土」は本気で怒っただろうか。

ひとつの風景がよみがえる。

13年1月、当時那覇市長だった翁長雄志氏を先頭に、沖縄の首長や議会関係者らが「オスプレイ配備反対」のデモを東京・銀座でおこなった。

その際、沿道に陣取った在特会員を中心とする差別者集団は、デモ隊に向けてあらん限りの罵声をぶつけた。

「売国奴」「国賊」「中国のスパイ」「非国民」――。

しかしどれだけ沖縄県民が罵られようと、銀座を行きかう人々は、そこから目をそらしていた。いつもと同じように買い物を楽しみ、談笑し、茶を飲み、食事をしていた。これを報じたメディアも沖縄の新聞だけだった。

日本社会の視界から、沖縄は常に外されてしまうのである。

「人類館はまだ終わっていませんよ。人々の意識の中から」と前出の金城氏は言う。

差別された側の苦痛は消えない。傷は風化することなく生き続ける。そして新たな差別が露呈するたび、瘡蓋《かさぶた》が無理やり剝がされたように、傷口から血があふれ出す。

「土人」発言の主である若い機動隊員が人類館を知っていたかどうかは問題ではない。日本社会の一部で連綿と沖縄への差別と蔑視が続いていることが、そこに無自覚であることが、いま、問われているのである。

「嫌沖」の空気――植民地状況を肯定するための「差別」

「基地反対はヘイト」という馬鹿げた議論

「米軍出ていけ」はヘイトスピーチ――。

ヘイトスピーチ解消法が先の国会で審議されていたときから、ネット上ではこうした物言いが流布されるようになった。同法の成立直後には、私のもとへも恫喝めいた〝問い合わせ〟が相次いだ。

「沖縄の米軍差別をどう考えるのか」「辺野古の基地反対運動もヘイト認定でいいんだな?」

無知と無理解というよりは、そもそも法成立を喜ばない者たちによる意趣返しなのだろう。恣意的な曲解と勝手な解釈によって当たり散らしているだけだ。

実際、「基地反対はヘイト」といった言葉を用いる手合いが、在日コリアンなどに向けられたヘイトスピーチに反対している場面など目にしたことがない。

この問題に関しては、参院法務委員会における同法の審議で、自民党の西田昌司議員が次のような答弁を繰り返している。

「米軍への抗議は憲法で認められた政治的言論の一つ」

おかげでネトウヨ方面からは「裏切者」の烙印まで押されてしまった西田氏だが、私の取材でも「解消法の対象であるわけがない。取り違えてはいけない」と明確に答えている。

わざわざ国会の場で「基地反対がヘイトか否か」といった馬鹿馬鹿しい議論をせざるを得なかったのは、同じ自民党議員のなかにも「(解消法は)米国軍人に対する排除的発言が対象になります」などと「取り違えた」考え方を披露する者がいたからだ。

こうした動きには、基地問題で政府を手こずらせる「わがままな沖縄」を叩きたい――といった意図が見え隠れする。

そう、問題とすべきは沖縄へ向けられたヘイトだ。

ネットに、メディアに、あるいは路上に、いま、「嫌韓」ならぬ「嫌沖」ともいうべき空気が流れている。異質なものを排除し、蔑視する風潮の中に、沖縄も組み込まれているのだ。

2016年4月、うるま市在住の女性が米軍属に殺害された事件でも、ネット上には被害者を愚弄し、沖縄を嘲笑するかのような書き込みがあふれた。

「事件を基地問題に絡めるな」「犯人は民間人だから米軍は無関係」「人権派が喜んでいる」

百田尚樹の発言の底知れない悪意

日ごろは「外国人による治安悪化」を嘆く自称・愛国者たちは、しかし、今回の事件では被害者を悼むよりも、米軍擁護に忙しい。過去に何度か取材したことのある「ヘイトデモ」常連者のひとりは、あたかも女性の側にも問題があったのではないかといった「推測」をネットに書きこんでいた。

こうした者たちが喜々として「拡散」に努めるのが、著名人による発言である。

ツイッターで「米軍基地絡みだと大騒ぎになる」「米軍が撤退したら何が起きるか自明だ」などと発信したのは前衆院議員の中山成彬氏だった。同氏はさらに「沖縄分断工作に加担する2紙」と、事件を大きく報道する沖縄地元紙も批判している。

橋下徹・前大阪市長もツイッターに「自称人権派が米軍基地の存在を問題視している」と書き込んだ。橋下氏は13年に普天間基地を視察した際、性犯罪防止のために「風俗産業の活用」を米軍司令官に提案したこともある。それに絡め、今回の事件に際しても「(風俗活用発言は)やっぱり撤回しない方がよかったかも。きれいごとばかり言わず本気で解決策を考えろ！」と持論をつぶやいた。橋下氏の場合は事件への憤りに基づいた発言であることは理解できるが、結局は舌鋒の向く先が「基地反対派」にたどり着く。

ここで思い出すのは、２０１５年自民党の学習会における作家・百田尚樹氏の発言だ。

「沖縄の新聞はつぶさないといけない」「普天間基地は田んぼのなかにあった」といった発言に続け、百田氏はこうも言っている。

「米兵が起こした犯罪よりも、沖縄人が起こしたレイプ犯罪のほうが、はるかに率が高い。たとえば米兵が女の子を犯した。それで米兵は出て行けという。じゃあ、高校生が町の女の子を犯したらその高校を撤去するのか」

どれだけの悪意があれば、このような中傷が生まれるのだろう。

沖縄県における一般刑法犯の摘発は、米軍関係者が0・11％、県民は0・27％で、数字だけで判断すれば県民が高いのは事実だ。だが、ここには米軍関係者が基地内で犯したものはまったく含まれていない。ちなみに米国防総省が発表した米軍内で起きた性的暴行に関する2014年度報告書によると、同年度中の推定発生件数は約1万9千件にのぼる。基地内の犯罪が正確に反映されていない以上、そもそも県民と比較することじたいがナンセンスだ。しかも性犯罪に関しては被害者が訴え出ないケースも少なくない。

問題の本質は沖縄県民の多くが知っている。日本国土のわずか0・6％の面積しか持たない沖縄に、在日米軍施設の約74％が集中していることである。こうした〝植民地状態〟こそが、まさに差別そのものだが、日本社会はこれを肯定する材料として、デマと偏見を次々と生み出していく。

差別のリニューアルを重ねてきた

「沖縄は基地で食っている」「沖縄の新聞が県民を洗脳している」「沖縄は自分勝手」――。

一部の日本人からは、もはや同胞とも思われていない。

13年1月。沖縄の市町村長や県議たちが東京・銀座でオスプレイ配備反対のデモ行進を行ったときの光景を私は忘れない。日章旗を手にして沿道に陣取った在特会などの集団が、デモ隊に向けて「非国民」「売国奴」「中国のスパイ」「日本から出ていけ」と、あらん限りの罵声をぶつけたのである。

「戦後70年近くにして沖縄がたどり着いた地平がこれなのか」

参加者の一人は悔しさをにじませた表情で話した。

第二次大戦中は日本最大の地上戦の舞台となり、9万人を超える県民が犠牲となった。そして戦後しばらくは米軍統治下に置かれ、日本に復帰後も過重な基地負担が続いている。不均衡で不平等な本土との力関係のなかで「弾除け」の役割だけを強いられてきたのが沖縄だった。

その沖縄に、いま、ヘイトの弾が撃ち込まれているのだ。こんな理不尽はないだろう。

「沖縄への蔑視や偏見が確実に広まりつつあることを実感している」と話すのは、沖縄タイムス東京報道部の宮城栄作記者だ。宮城氏は都内の大学に講師として招かれる機会も少なくない。沖縄の歴史や基地問題について話した後、リアクションペーパーを回収すると、ネット掲示板への書き込みかと見紛うような言葉が目に飛び込んでくることが多くなったという。

〈宮城さんは国防の必要性をまるでわかっていない〉〈沖縄には莫大な税金が注ぎ込まれてきたではないか〉

「ネット言論の影響でしょう。沖縄が日本の足かせであるかのような意識を当たり前のように抱えている」（宮城氏）

沖縄ヘイトは今に始まったものではない。琉球処分、人類館事件など、日本社会は沖縄を蔑み、時代に合わせて差別のリニューアルを重ねてきた。

沖縄はいつまでたっても日本の「捨て石」だ。いや、このままでは「捨てられる」のは日本のほうかもしれない。

小池百合子の知られざる沖縄蔑視発言

本土に対峙する沖縄メディアへの偏見

２０１７年の東京都議選は自民党の大敗と引き換えに、「都民ファーストの会」圧勝という結果をもたらした。これを踏まえ「都民」の国政進出がうわさされている。当時の民進党と日本維新の会を除名された長島昭久衆院議員と渡辺喜美参院議員は都議選では、それぞれ「都民」の応援に入った。国会議員を５人確保することができれば、政党助成金を得ることが可能だ。今後、間違いなく国政進出の動きは活発化していくだろう。

一部には自民党をカウンターパートとした二大政党化、あるいは「第三極」を期待する向きもあるようだが、果たしてそれは可能だろうか。日本国憲法を破棄し、大日本帝国憲法の復活を請願した代表者を持つ「都民」に、いまのところ自民党との差異を見ることはできない。

たとえば沖縄の米軍基地問題も然り。

「都民」の選挙戦を率いた小池百合子東京都知事は、防衛相時代に普天間飛行場の辺野古移設推進の姿勢を鮮明にした。

2015年6月、作家の百田尚樹氏が自民党の学習会で「沖縄の新聞はつぶさないといけない」と発言した際、沖縄では小池氏の過去の発言があらためて話題となっていた。

「沖縄のメディアが言ってることが県民すべてを代表しているわけではない」

12年12月、自民党国防部会でこう発言したのは同党議員だった小池氏だったのだ。また、沖縄担当相時代の06年7月には那覇市内の講演で基地問題を念頭に「沖縄のマスコミとアラブのマスコミは似ている。反米、反イスラエルでそれ以外は出てこない」と発言。13年には党内の部会で「沖縄の先生方が闘っているのは、沖縄のメディア。県民を全て代表しているとは思わない」とも批判した。

メディア批判など好きなだけやってもらっても一向にかまわないが、これら発言に通底するのは沖縄と、そこを拠点として中央政府に対峙する沖縄メディアへの偏見である。

「百田発言」の直後、『琉球新報』編集幹部のひとりは、私の取材に対して次のように話した。

「結局、いつだってそうなんです。沖縄で何か問題が発生し、それが政府の思惑通りに進まないと、必ずと言ってよいほど同じような言説が流布される。つまり、自らの危機感を沖縄の新聞批判にすり替えることで、問題を矮小化するという手だてです。いや、本当に、いつものことですよ」

彼女の偏見は沖縄県出身者に対しても向けられる。2013年、国会で質問に立った玉城デニー氏（当時衆院議員、現沖縄県知事）に対し、小池氏は議員席から「日本語わかるんですか」とヤジを飛ばしたのだ。紛うことなき差別発言である。沖縄県民を見下したものだ。

小池氏と米国務省日本部長のケビン・メア氏に遭遇

現在、「沖縄タイムス」の地方支社で記者として働くA君は、同社に入社して今年で3年目だ。

「絶対に沖縄で新聞記者になりたかった」

飲み屋でそう私に力説した。

記者になることを強く望むようになったきっかけがある。

12年4月のことだった。その日の夜、地元テレビ局が沖縄の基地問題をテーマとする「識者」による討論番組を生放送した。大学生だったA君は観覧者としてスタジオで討論を聞いていた。基地の存在、辺野古移設などをめぐって議論は白熱した。

討論が終了したのは明け方近かった。

沖縄の過重な基地負担が東京から来た「識者」になかなか理解されない番組の展開にい

らだっていたA君も、さすがに明け方ともなれば憤りよりも空腹が先だった。

スタジオを後にしたA君は、テレビ局近くのコンビニに駆け込んだ。陳列棚で朝食用のパンを物色していたら、つい先ほどまでスタジオで饒舌に基地問題を語っていた二人の「識者」が店内に入ってきた。

当時、自民党議員だった小池氏と、米国務省日本部長を務めたケビン・メア氏である。二人とも沖縄に関した「問題発言」で知られている。メア氏も過去に「沖縄人は東京政府を『あやつり』『ゆする』名人」だと発言したことがある。

討論番組の中でも、二人は明確に辺野古新基地建設を推進する立場にあったことは言うまでもない。

こんな機会はめったにあるものではない。A君は二人に直接、基地問題について聞いてみたいと思った。

同じように朝食を買いに来たのであろう小池氏とメア氏に近づき、A君は「スタジオで観覧していた者です」とあいさつした。

——僕は地元の大学生です。なぜ、辺野古に新しい基地をつくらなければならないのか、もう一度うかがいたいと思いました。

小池氏が「あなたはどう思うの？」と逆に聞いてきた。

A君は「反対」であることを伝え、「沖縄で生活してみれば、どれだけ基地の負担が大きいのか、よくわかります」と答えた。

それ以上、特に会話が弾むことはなかった。

まあ、無理もないだろう。コンビニの店内で突然に見知らぬ若者に話しかけられ、二人とも当惑したのかもしれない。

小池氏のジョークに怒りで体が震えた

それはそれでいい。問題はそのあとだった。

小池氏とメア氏の二人はビールなどをレジに運び、その場でどちらが支払いをするかで軽くもめていた。

「私が払う」「いや、私に払わせてくれ」

A君の前で、双方が財布を店員に差し出そうとしている。

「私が払います」。小池氏がメア氏を制して、店員に無理やり1万円札を手渡した。続けて、小池氏はメア氏にこう告げたのだという。

「思いやり予算よ」

二人は軽く笑いながら店を出ていった。

「思いやり予算」とは、「在日米軍駐留経費負担」の通称だ。日本側の負担額のうちの一部で、米軍の住宅建設や光熱費などに当てられている。今年度予算案でも1946億円が計上され、これは韓国やドイツなど他の米国同盟国と比較しても突出した金額だ。

基地被害に苦しむ沖縄にとっても、あるいは日本にとっても、屈辱的なものだ。

A君はその場で凍り付いていた。もちろん、小池氏はジョークを述べただけなのだろう。だが——許せなかった。そもそも冗談で言うべき言葉なのだろうか。笑いのネタとして用いるべき言葉なのだろうか。

いや、言葉の問題ではない。結局、そういう意識なのだ。二人にとって沖縄とは、平然とそうした言葉を口にできるだけの重みしかないのだ。しかも、ここは沖縄だ。沖縄の人間がいる前でのことだ。A君はあらためて沖縄の立ち位置を知った。

悔しかった。怒りで体が震えた。

だから新聞記者になろうと思った。復讐するためではない。やりこめるためでもない。

「あの二人の胸に届くような言葉を、真剣に振り向いてもらえるような言葉を、しっかりと身に着けたいと思ったんです」

直情的で、勢いだけで、思慮深いのか浅いのかよくわからない、荒削りの動機である。

私は、そんな未熟さと、若い正義感が大好きだ。

A君はいまサツ回りで忙しい。事件のたびに呼び出され、警戒電話をかけ続け、先輩記者や警察官にドヤされながら、現場を駆け回っている。天下国家を論じるどころか、沖縄を見渡せるほどに見晴らしの効いた場所にいるわけでもない。サイレンが鳴れば何があったのかと飛び出すような毎日である。

小池氏やメア氏に届けるべき言葉など探している余裕はない。

だが、コンビニの店内で唇をかみしめて立ちつくしていたA君は、もういない。たとえ届かなくても、言うべき言葉は持っている。

沖縄は、人の住む島だ。人が生きる場所だ。人が暮らしを営み、息遣いの響く場所だ。いつか、そこに沖縄の「思い」を付け加えたい。A君は、その日まで走り続ける。

みんな、そうだったから。

沖縄の記者は、沖縄で沖縄の苦渋を吸収しながら、沖縄をさらに知っていく。そして、その場所から沖縄を発信していく。

それは「偏向」なんかじゃない。

記者としての軸足だ。それこそが地方紙の果たすべき役割なのだ。

沖縄への、あるいは沖縄メディアへの「偏見」を語る者たちは、それがわかっているのだろうか。

野中広務の「沖縄への思い」とは何だったのか

「沖縄の苦痛をどれだけ理解しているのか」

２０１８年1月26日夕、元衆院議員の野中広務氏が京都市内の病院で死去した。

週刊誌記者時代に何度か野中氏を取材する機会があった。剛腕、狙撃手、寝業師――様々な異名を持つ野中氏であったが、政治記者でもない私は、いつも軽くあしらわれていたように思う。私にとっては、権力維持のためには手段を選ぶことのないコワモテの政治家にしか見えなかった。

政界を引退してからはハト派的な発言が目立った。講演や著書で、自民党の右傾化を嘆き、日本社会の差別的体質を批判することも少なくなかった。

初めてじっくりと話をすることができたのは、実は17年5月のことだった。

その少し前（4月末）におこなわれた沖縄県うるま市長選で、自民党選挙対策委員長（当時）の古屋圭司氏が野党候補を批判する文脈で、「市民への詐欺行為にも等しい沖縄特有のいつもの戦術」とフェイスブックに書き込んだ。まるで沖縄県民が詐欺の常習犯であるかのような表現である。

これについてどう思うか――沖縄の基地問題にも深く関わってきた野中氏の見解を聞くために、私は京都市内の事務所に足を運んだのだ。

いま、この時期に会うことができてよかったと思った。それほどに野中氏は「老い」の影をまとっていた。たたらを踏むような足元が、年齢を感じさせた。それでも声には張りがあった。有り体にいえば、野中氏は怒っていた。

「どうしようもないな」

突き放したような言い方で古屋氏の発言を批判した。

さらにこう続ける。

「世代が変わった、ということだけで片付けるわけにはいかないだろう。まったくひどい発言だ」

雑談しているときにはソファの背もたれに身を預けるような姿勢だったが、話題が沖縄のことに転じてからは、両手を前で組み、上半身を乗り出すようにして熱く語った。その前のめりの姿勢が印象に残っている。

「最近では辺野古の基地移設をめぐっても、国は裁判で勝った瞬間、すぐに工事を始めた。オスプレイの事故に際しても、事故原因がはっきりしていないにもかかわらず、修理を終えたからと言って、あっという間に訓練が再開される。国はそれに対して何も言わない。

沖縄の人々の苦痛をどれだけ理解しているのか」

沖縄戦の傷跡を目にして言葉を失う

野中氏は、やはり沖縄との関係が深かった故・山中貞則氏から、沖縄を「思う」大切さを教えられたという。

「琉球処分以降、日本は沖縄にずっと迷惑をかけてきたのだと山中さんは訴えておられた。だからこそ、日本人の責任として、沖縄のことを常に考え続けてきた」

山中氏は初代の沖縄開発庁長官を務めた。1971年の国会で、沖縄関係法案の趣旨をこのような言葉で説明している。

「県民への『償いの心』をもって、事に当たるべきである」

野中氏はこの言葉をずっと胸に刻んできたという。

それにしてもなぜ、沖縄にこだわり続けるのか——。私がそう問うと、野中氏は「沖縄には、どうしても忘れることのできない思い出があるんだ」と答えた。

60年代前半のことだったという。当時、京都府町村会会長を務めていた。京都出身の戦没者慰霊塔を建設するため、野中氏は初めて沖縄を訪ねた。

沖縄戦の激戦地だった嘉数の丘にタクシーで向かった。宜野湾の街に入ったところで、タクシーの運転手がぽつりと漏らした。

「このあたりで私の妹が殺されたんです」

運転手は泣いていた。

タクシーをその場で停めてもらい、野中氏は手を合わせた。沖縄戦の傷跡を間近で目にしたことで言葉を失い、ただ手を合わせ、祈ることしかできなかったという。

「そのとき運転手さんが話してくれたんです。妹さんを死に至らしめたのは米軍ではなく、実は日本軍だったと」

運転手はうなだれていた。その悲しげな表情が「いつまでも頭から離れない」と野中氏は話した。それこそが野中氏にとっての沖縄の原風景、原体験である。

だから国会議員になってからも沖縄通いを続けた。政治的な立場を超えて、様々な人から話を聞いた。米軍が何か問題を起こしたときには、頭を下げて回った。

95~96年にかけて、鳥島で米軍が劣化ウラン弾を使用したことが発覚した。米軍は、その事実を2年たってから国に伝えてきた。政府はさらに、その1年後に沖縄へ伝えた。

「ないがしろにされている」と沖縄県民の多くが憤った。

沖縄の加害者であることが「怖い」

この件で野中氏は沖縄に飛んだ。多くの記者が見ている前で、大田昌秀知事（当時）に謝った。

「まるで罪人のような気持ちになりました。しかし、それは当然のことだった。そうすることが、沖縄に多くの犠牲を強いてきた政府の責任でもあるんです」

いま、政府には、そこまで沖縄に思いを寄せる者は見当たらない。国益のために基地の過重負担を当然だと捉えるばかりか、そもそも足繁く沖縄へ通う熱意すら存在しないではないか。冷淡に過ぎる。

野中氏が息を引き取る前日、衆院本会議でまたもや暴言が飛び出した。共産党の志位委員長が沖縄で米軍ヘリコプターによるトラブルが相次いでいることに触れると、内閣府の松本文明副大臣は「それで何人死んだんだ」とヤジを飛ばしたのだ。

県民の生活圏に幾度もヘリが不時着し、小学校では子どものすぐそばに部品が落下しているのだ。それにもかかわらず、この物言いは何なのか。下品というよりも下劣に過ぎる。結局、辞任に追い込まれることとなったが、当然である。

野中氏であれば、これをどう評したであろうか。やはり吐き捨てるように批判したことだろう。

私は、沖縄に米軍基地を固定化させたことにおいては、昔も今も自民党の責任は重たいと考えている。どんな理由があろうとも、どれほどの「思い」があろうとも、政府は、いや、「本土」は、沖縄に犠牲を強いてきた。

それは野中氏もまた同じである。97年に橋本内閣は米軍用地の固定化を可能とする米軍用地特別措置法改正を成し遂げたが、その際、改正案の特別委員長を務めたのが野中氏だった。

だが、衆議院の委員会報告で野中氏は次のように述べている。

「この法律がこれから沖縄県民の上に軍靴で踏みにじるような、そんな結果にならないように、そして、私たちのような古い苦しい時代を生きてきた人間は、再び国会の審議が、どうぞ大政翼賛会のような形にならないように若い皆さんにお願いをしたい」

異例の「警告」だった。

そのときのことを、私の取材で野中氏はこう振り返った。

「こんなに簡単に決まってしまってよいのかという思いがあった。私自身、怖くなったのかもしれない」

その「怖い」という思いを、いま、自民党をはじめとする与党議員は少しでも抱えているだろうか。

第四章

時のなかの生

本田靖春、「拗ね者」と自称したノンフィクション作家

本田ノンフィクションの真骨頂

自らを「拗《す》ね者」と称する書き手がいた。

本田靖春——日本を代表するノンフィクション作家である。

2018年11月、本田の半生をたどった評伝『拗ね者たらん　本田靖春 人と作品』（講談社）が刊行された。著者は同じくノンフィクション作家の後藤正治だ。

同書は本田が残した作品それぞれの背景に言及しながら、編集者、知人などの証言を通して、本田の生きざまに迫ったもの。ひとつの時代史としても読むことができるのは、著者の後藤もまた、生身の人間と真摯に向き合うことで時代を描いてきた、実力派作家であることが大きい。

「本物のノンフィクション作家だった」

後藤は、先輩ライターだった本田をそう評価する。

「書き飛ばしのネット言論や、検証なしのフェイクニュースが氾濫する時代にあるからこそ、『本物』の魅力を伝えたい」

それが執筆の動機だったという。

本田は1933年、日本の植民地だった朝鮮半島の京城（現在のソウル）で生まれた。敗戦で日本に引き揚げ、早稲田大学卒業後の55年、読売新聞社に入社する。社会部記者として活躍し、米ニューヨーク特派員も経験するなど将来を嘱望されたが、71年に退社。ノンフィクション作家として独立した。

検察内部の権力抗争に巻き込まれた読売新聞記者・立松和博の栄光と転落を描いた『不当逮捕』、アウトローの生涯を追った『疵』、在日韓国人金嬉老が起こした事件をきっかけにその背景にある民族差別に迫った『私戦』、4歳男児の誘拐殺人事件（吉展ちゃん事件）の全貌を綴った『誘拐』など、本田は多くの作品を残した。

これら作品の「熱い読者」だったと後藤は話す。

「取材力はもとより、文章が美しい。読ませる術を心得ている。たとえば、代表作の一つ『不当逮捕』は、その繊細な表現力も構成も、文学者の筆致です」

『不当逮捕』の書き出しは次のような〝本田節〟で飾られる。

〈雨には不吉の臭いがする、などと、気のきいた風なことをいってみたところで、しょせん後からのこじつけでしかない。

だが、降られると無性に気が滅入る。そのうち、何かよからぬことが持ち上がっても不

思議でない、といった投げやりな気分にさせられる。ことに長い雨はいけない〉

深夜、警察署の記者クラブで、本田が1人居残っていたときの描写だ。そこへ、先輩記者の立松が売春汚職報道をめぐって名誉棄損容疑で逮捕されたという連絡が入る。この逮捕劇の裏には、検察上層部による大仕掛けが存在した――。同書は政界、検察、新聞社の生々しいやり取りを描いただけでなく、スクープを連発していたスター記者が挫折へと向かう軌跡をも丹念に追う。まさに本田ノンフィクションの真骨頂を示した作品だ。

非戦、自由、民主主義という主調音

さらに後藤を「熱く」させたのが、本田ノンフィクション全般に響く「主調音」だという。

「非戦、自由、民主主義といった理念にとことんこだわった。旋律が揺れることはなかった。本田さんは正しく『戦後』の申し子であり続けました。時代がどんなに変化しようとも、それだけは譲れないのだという思いが本田さんにはあったのだと思います。政権の応援団のようなジャーナリズムばかりが目立つ現在の状況のなかで、本田さんが残した『主調音』は映える」

関西在住の後藤は、本田と直接に顔を合わせる機会は数えるほどしかなかった。だが、淡い付き合いのなかでも、後藤は本田の中にある「色気と光沢」に魅せられたという。
「書いたものと書き手にいささかのズレもない。本田さんはそういう人でした。私がお会いした時期はすでに体じゅうが病に冒され、酒を飲むことすらできなかった。しかし、初対面の人間をもホレさせてしまう独特の魅力を感じました。少しばかり無頼を気取りながら、それでも語り口は優しい。向き合っているだけで心がポカポカと温かくなってくるのです」

本田は1990年に糖尿病の悪化で右目を失明して以来、大腸がん、肝臓がん、狭心症、両脚切断など、次々に襲いかかる病と格闘しながら、最期までペンを離さなかった。

2004年に病室で息を引き取った際、そばで看取った1人が、現在、講談社で常務取締役を務める渡瀬昌彦である。本田の晩年、満身創痍で闘病生活を送る彼のそばには、いつも渡瀬の姿があった。受け入れ先の病院を探すために奔走し、両足を失った本田を背負い、遺作となった『我、拗ね者として生涯を閉ず』の編集も担当した。

渡瀬は20代のころに「週刊現代」編集者として本田を担当してからずっと、公私に渡って付き合いを続けてきた。元気だったころの本田とは毎晩のように酒席を共にし、1人の「友人」としても寄り添った。
「取材の名手だった」と渡瀬は述懐する。

無理やり言葉を奪い取るような取材はしない。相手の言葉を遮らない。

「じっくり取材相手の話に耳を傾けて言葉を引き出す。相手が疲れて寝てしまっても、起きるまでじっと待っている。そんな人でした」

一方で、「若いころの本田さんは編集者にも厳しかった」と言う。

植民地出身の「後ろめたさ」

渡瀬には忘れることのできない思い出がある。本田とニューヨーク在住の日本人を取材したときのことだ。渡瀬は仕事の都合で、遅れて本田と合流した。ちょうど取材相手との会食が始まるところだった。疲労と時差ボケで朦朧《もうろう》としていた渡瀬は、空腹に耐えかねて、2人よりも先に食事に手を出してしまった。

「そのあと、本田さんにひどく叱られました。『キミはここにメシを食いに来たのか』と、えらい剣幕で……」

渡瀬は「親に叱られるより怖かった」と首をすくめてみせるのだが、それでも本田の怒りが理不尽なものでないことは理解していた。

「本田さんは自分が嫌な思いをしたという理由で怒る人ではなかった。たとえば、取材相手の運転手さんやマネージャーをないがしろにすると激怒しました。つまり弱い立場にある人こそ大事にするべきだと、叩き込んでくれたように思うのです。その姿勢こそが、本田ノンフィクションの全てに通底しているように思えます」

本田はかつて後藤と対談した際、次のような言葉を残している。

〈強者と弱者がいたとしたら、迷わず弱者の側に立つというのが、私の基本姿勢なんです。（略）開きなおるわけではないけれど、それでいいじゃないか、というより、おれはこういうふうにしか書けないんだ、と〉

そうした本田の「基本姿勢」はどこで生まれたのか。渡瀬は「引き揚げ体験」だと即答した。

「植民地だった朝鮮の日本人街で生まれ、終戦にともなって、日本に引き揚げた。戦争と差別、価値観の転倒というものを、本田さんは肌で感じたに違いありません」

その経験こそが、「本田の原点」だと渡瀬は信じている。

植民地の支配階級出身という「後ろめたさ」にも似た感情が、そう向かわせたのか、本田は在日コリアンに関するルポ『私のなかの朝鮮人』などの作品を残しているだけでなく、在日コリアンの生活史などを掲載してきた季刊誌『まだん』にも寄稿していた。『まだん』を主宰していた金宙泰の長女・金栄は、父を訪ねて実家のある横浜に幾度も足を運んだ本田のことをはっきり覚えている。

「私もよく一緒にお酒を飲みました。あるとき、本田さんがぽつりと漏らしたんです。『オレは日本のムラ社会に少しもなじめない』って。植民者の家で生まれて支配・被支配の関係に疑問を持ち、日本に引き揚げてからも居心地の悪さを感じていたようです。本田さんの批判精神は、そうした環境も大きな影響を与えているのではないでしょうか」

時代を的確に描写する〝本物〟

本田の作家人生に伴走した渡瀬も、そこに言及する。

「デラシネ（根無し草）という思いが本田さんの中にあったのでしょう。だからこそ、どこにも帰属意識を持たなかった。新聞社を辞めても、ずっと1人の社会部記者であり続けた。反骨だと言われるたびに『小骨だよ』と答えていましたが、それはイデオロギーにとらわれることなく、少数者の側に立って時代を疾走した本田さんの目線の低さがそう言わせていたのかもしれません」

本田と深い関わりを持ち、作品の多くを電子書籍でも販売している講談社は、優れたノンフィクションを表彰する「講談社ノンフィクション賞」を、2019年度から「本田靖春ノンフィクション賞」と改称する。

本田の影響を受けたノンフィクションライターは少なくない。その謦咳《けいがい》に接した者だけにとどまらず、「本田靖春」はノンフィクションを書く者の手本であり続けた。

本田の名を冠するのは、本田が追い求めた理念を後世に伝えるためでもある。ノンフィクションは〝冬の時代〟だと言われるが、時代を映す、真実に迫る、といった目的が失われたわけではない。

フリーライターの武田砂鉄が本田ノンフィクションと出会ったのは14年前、大学生の頃だった。

そのころ、武田は社会やジャーナリズムにいら立っていた。いや、子どもの時分からそうだった。

神戸の連続児童殺傷事件、西鉄バスジャック事件、秋葉原の無差別殺傷事件。こうした時代を揺るがす「若者による大事件」が起きたとき、常に「犯人」は武田と同年齢だった。そのたびにメディアは「キレやすい若者」といった安直な世代論を振りかざし、社会に漠然とした不安を押し付けていた。

「自分が指をさされたような気持ちになっていました。だからこそ、時代を的確に描写するような〝本物〟を求めて、ノンフィクションを読みあさっていたんです。そんなとき、手にしたのが『誘拐』でした」

奪われたものを取り戻そうとする姿勢

『誘拐』は1963年に起きた幼児誘拐殺人事件である「吉展ちゃん事件」の全貌に迫った作品である。事件から14年後の1977年に文藝春秋から刊行された。

吉展ちゃんが連れ去られた現場の公園を起点として、本田は事件を徹底的に深掘りする。被害者と加害者双方の関係者、捜査員、そして同じ時代に同じ地域で生きてきた人々に、取材を重ねた。まったく弛緩することなく、緊張感が持続した筆致からは、事件を多角的な視点で捉えるべく奮闘する、本田の切迫した息遣いが伝わってくる。

事件が起きたのは、東京オリンピックの前年だった。経済成長に沸く一方で、時代の波に乗ることのできない者が振り落とされていく。誘拐事件の犯人・小原保もその1人だった。脚に障がいがあり、満足な学校教育も受けていなかった。貧困は、小原の体の一部でもあった。その苦渋を、時代の情景と絡めながら本田は描いた。

「そうした昭和の空気感は、経済格差が問題視される今の時代と似ていることにも驚かされました。そして何よりも、作品の中では登場人物のさまざまな視座が迷路のように入り組んでいた。安易に結論を求めない、ごつごつした手触りに圧倒されました」

以後、とりつかれたように本田作品に目を通した。どの作品も人間の本質に迫った物語として完成されていた。事件をトレースするのではなく、そこに生きた（あるいは死んだ）

人に血を通わせていた。

「小さな声、声なき声を拾い上げ、人間が奪われたものを取り戻そうとする姿勢に、本物のノンフィクションを感じたんです」

　武田は大学卒業後、河出書房新社に入社する。「文藝別冊」の担当となった入社4年目、本田を特集したいと申し出た。どうしても本田ノンフィクションの魅力を伝えたかった。「本物」はこれなのだと、同世代の者たちに知らせたかった。

　1人で編集を務め、本田と関わりのあるライター、編集者などを回り、談話や原稿を集めた。そうやって2010年に刊行されたのが、ムック「文藝別冊・本田靖春『戦後』を追い続けたジャーナリスト」である。若い世代の編集者が本田の特集を手掛けたことで話題となった。

読み手も覚悟と熱量が必要

「今の時代だからなおのこと、本田ノンフィクションが輝いて見える」と武田は話す。

「本田さんの作品はどれもが『1時間で分かる』といった類の本の対極に位置する。さまざま肉声が交差し、風景が細部にわたって再現され、ときに社会に対する本田さんのストレートな怒りを読み手が引き受けることになる。読み手の側も、覚悟と熱量が必要です。

しんどい作業かもしれませんが、負荷を感じながら時代を追体験する読書こそ、ノンフィクションの醍醐味であるはず」

前述したムックの編集後記で、武田は次のように本田ノンフィクションを評した。

〈本末転倒に厳しかった。しかし、転倒しない本末には優しかった。（略）信号を渡るように左右をよく見ながら悠然と直進した〉

本田が自ら好んで口にした「拗ね者」は、交流のあった作家の故・向田邦子の発言から取ったものだという。文句ばかり付けていると、ただの拗ね者になってしまう、と向田から説教を受けたことがきっかけで、これを援用、借用するようになった。

後藤は言う。

「本田さん独特の諧謔《かいぎゃく》でしょう。決して自分を大きく見せる人ではなかった。同時に、卑しさはまったく感じさせません。足跡を追うなかで、さまざまなエピソードに出合いましたが、高潔な人柄しか見えてこなかった。世代を、あるいは時代を超えて本田ノンフィクションが愛されるのは、人柄同様、その誠実さが読者に伝わるからだと思います」

「本物」がどのようなものであるのか、それを感じてほしい――後藤は本田ノンフィクションの未経験者に訴える。

笹川陽平、父・良一の七光りの影

安倍首相夕食会が行われた別荘

知名度こそ軽井沢や伊豆に遅れをとるが、鳴沢村（山梨県）もまた著名人御用達の別荘地である。

富士山麓に位置する同村は、もともと高原野菜の生産地として知られていたが、1960年代から地元企業によって別荘地開発が始まり、後に大手私鉄、商社も同事業に参入。日本有数の別荘地として発展した。

その〝鳴沢ブランド〟の普及に貢献しているのが、安倍晋三首相である。同村に構えた別荘で毎夏のバカンスを楽しむのが、恒例となっている。冷涼な気候のもと、ゴルフやバーベキューで英気を養うのが、おなじみの光景だ。

だが、鳴沢村での夏休みは、それで終わらない。高原の別荘地にふさわしくない〝異臭〟が漂うのも毎年のことである。

政治部記者が漏らす。

「我々が注目しているのは、誰が首相に招かれているか、ということです。過去には加計孝太郎（加計学園理事長）など、問題人物が招かれたこともある。首相の〝お友だち人脈〟の一端を確認することもできる貴重な機会でもあるのです」

番記者は安倍の別荘に近い、ある人物が所有するもうひとつの別荘にも注目する。2018年もその別荘でおこなわれた夕食会にはビッグネームが集まった。

安倍を筆頭に、森喜朗、小泉純一郎、麻生太郎といった首相経験者3人。さらには自民党政調会長の岸田文雄、同幹事長代行の萩生田光一、厚生労働相の加藤勝信、経済再生担当相の茂木敏充などの姿もあった。自民党総裁選の直前でもあった。座は一気に匂いたつ。

さて問題は、夕食会の場となった、この別荘の持ち主である。別荘街中心部の高台に建つ、ひときわ豪勢な建物の所有者は、日本財団会長の笹川陽平であった。

近所の人によると——

「このあたりでは、もっとも広い敷地に建つ別荘だと思います。30年くらい前から利用されているようですね」

道路わきから玄関に延びる整備されたアプローチ。手入れの行き届いた芝生。テニスコート。そしてガラス窓をふんだんに用いた外観の山荘風3階建ての別荘は、床面積265平米という広さだ。

先の政治部記者によれば、この笹川の別荘こそ「真夏の永田町」なのだという。

「首相就任以来、安倍さんは鳴沢村での〝笹川詣で〟を欠かしていません。なぜ自身の別荘ではなく笹川邸なのか。そして、招かれた面々と何を話しているのか。我々の関心もそこに向いています」

父・良一は岸信介の「巣鴨プリズン」仲間

ちなみに、笹川は昨年来、その様子を自らのブログで、わざわざ公開している。

たとえば18年8月31日付の《「首相の夏休み」――緑陰の談笑》と題された記事。

〈恒例となった小生の築30年の山荘に、今年もご多忙の中、安倍首相、森、小泉、麻生元首相の各氏がお越し下さり、緑陰の談笑と夕食会は、夕方6時から10時までの4時間、笑いの絶えない一夕となった〉なる文章には、森、小泉、麻生、岸田らとともに、まさに「破顔」の表情で語らう姿の写真が添えられている。

会合の中身について特に言及もなく、「このような雰囲気で深みのある話題などはテーマにならない」と触れるのみだ。

総裁選直前という微妙な時期を考えればこれを鵜呑みにする関係者は少ないが、引っ掛かるのは、その日が終戦記念日の8月15日だった、ということだ。

不戦と平和を誓う日に現役首相と歴代首相がそろって避暑地でワイン片手に「笑いの絶

えない一夕」を過ごすことに、たとえば戦争被害者はどう思うであろうか。

さらに笹川の父親である笹川良一、そして安倍の祖父である岸信介はともに先の大戦ではA級戦犯の指定を受け、入獄している。つまり両者の親族は〝巣鴨プリズン仲間〟である。歓談するにしても日を選ぶべきだという指摘があってもおかしくない。

「そもそも、この日の様子をブログで公開すること自体、不謹慎でしょう」

そう話すのは、笹川と親交のあったジャーナリストだ。

「世間ずれしていると思われても仕方ない。自分が権力に近い場所にいるのだということを訴えたいだけではないのか」

笹川は〝安倍以前〟の時代から、総理経験者を別荘に招いていることを打ち明けている。18年1月発行の『文藝春秋』における小泉純一郎との対談記事では次のように語っている。

〈私は、あえて公表するようなことではないのでこれまで言いませんでしたが、中曽根康弘さんや竹下登さんの時代から、年に一度、総理経験者を別荘に招待して食事会を開いてきました。安倍さんのお父さんの晋太郎さんにも来てもらったことがあります〉

浮かび上がってくるのは歴代総理との親密な関係というよりも、笹川の〝磁力〟だ。毎夏、歴代総理による〝笹川詣で〟が繰り返されているのは、奇妙な慣習というしかない。ある種の力関係を思わせる。

では、その力の源泉はどこにあるのか。

権力と結びついた糸を手繰り寄せてみれば、歴史の闇の中から姿を現すのは、やはり前述した父親の姿である。

笹川良一。大物右翼、ファシスト、博打の胴元、政界の黒幕と呼ばれ、一方ではハンセン病患者の救済に奔る慈善家としても知られた。この人物ほど毀誉褒貶相半ばする人物もいないであろう。

同級生にノーベル賞作家・川端康成

旧街道のひとつ、西国街道は京都を起点に、大山崎、高槻を経由し、西国（山陽、九州）へと至る。

私は大阪モノレールの豊川駅から、箕川に沿って西国街道を西へと進んだ。10分も歩けば、小野原（箕面市）の集落に入る。このあたりで風景は一変した。旧道を挟んで左右に建つのはなまこ壁の古い家屋ばかりとなり、石造りの常夜灯が各所に置かれる。その風情はかつての宿場町を思わせた。

目を引いたのは、家々に掲げられた表札だ。小野原では「笹川」姓が目立つのだ。道に迷った私に声をかけてくれた高齢の女性も、「笹川さん」だった。

「このあたりは笹川ばかりですよ。60年前に嫁に来たときは戸惑いましたわ、どこを見回しても笹川だらけで」

女性は前後左右を指さしながら、「あっちも笹川、これも笹川、向こうも笹川」と楽しそうに案内してくれた。

そう、この小野原集落こそ、笹川良一が生を受けた場所である。1899年のことだった。

かつては造り酒屋だったという生家はいまも同じ場所にある。旧家然とした家は歴史の風雪に耐えてきた重厚さこそ感じるものの、意外なほどに質素だった。広大な庭があるわけでもなく、周囲が石垣で囲われているわけでもない。

目を見張るのは、玄関前で左右に伸びる松の老木である。樹齢100年は優に超えていると思われる松の木は、良一が生まれたときから、〝家の顔〟であり続けた。

先の女性によると、この家を継いだのは良一の妹・ヨシコであり、現在はヨシコの娘婿である沖津嘉昭が所有しているという。沖津は岩井コスモホールディングスの最高責任経営者（CEO）だ。

良一はこの家から小学校に通った。同級生のひとりにノーベル賞作家・川端康成がいる。一高、東大へと進んだ川端とは違い、良一は親から進学を認められなかった。小学校卒業後は寺で住み込みの修業を経験し、その後、軍隊を経てから村会議員、事業家の道を歩んだ。

さて、小野原周辺ですれ違う人に良一のことを尋ねれば、同じような答えが返ってくる。

「東京に居を構えながら、月に幾度もここを訪ねていましたなあ」

小野原の集落に黒塗りのハイヤーが並ぶ。先頭車両から降りてくるのが良一で、そのあとを「お付きの者」がぞろぞろと追う。近所の人たちにとって、それは見慣れた風景であった。

凡百の右翼と違っていた経済力

「高級そうなスーツを着て、えらいかっこよかったわ」

地元の古老たちは懐かしそうに目を細める。

「この土地を愛していたのでしょう」

そう振り返るのは、小野原のはずれに建つ春日神社の宮司、宗形昭男（88歳）だ。

「お元気なころは月に2回は小野原に足を運んでいましたね。伊丹空港からまっすぐ生家に直行し、次にウチでお参りし、それからご先祖のお墓に向かう。それが里帰りの際の決められたスケジュールでした」

春日神社には入り口の鳥居から本殿にかけて長い石段がある。石段の脇には、良一を顕彰する石碑が建てられていた。

〈母背負い宮のきざはしかぞえても　かぞえつくせぬ母の恩愛〉

彫られた碑文は、良一が59歳、82歳の母親テルを背負って金比羅を参拝し、長い石段を登った時に詠んだものだ。

宗形によれば、同神社でも、母を背負って石段を登る良一の姿を見たことがあるという。

「良一さんの〝親孝行〟は単なるスローガンではないと思いますよ。人柄であり、信念だったのかもしれません」

自らの親孝行ぶりを礼賛し、そればかりか母を背負った〝母子像〟（関係者の間では〝孝子像〟と呼ばれている）を関連施設に建てさせた良一に、私は「人柄」を感じることはないが、しかし、親思いであろうことに疑念をはさむ余地はない。少なくとも小野原に住む人々にとって、良一が〝地域の英雄〟であることは確かだ。

一方、世間の少なくない評価は、良一のもうひとつの顔を浮かび上がらせる。

良一は郷里の豊川村（現在の箕面市）の村会議員を務めた後、右翼運動に身を投じた。

株式相場で儲けた金を元手に月刊誌『国防』を創刊したのは1927年。その6年後に右翼団体「国粋大衆党」を結成し、総裁に就任している。

凡百の右翼と違ったのはその経済力だった。良一は「運動とカネ」が切り離すことのできない関係であることを知っていた。実業界からの支援も受けながら大衆運動の拡大に努める。

33年、配下の党員を総動員し、大阪府内盾津村（現在の東大阪市）に10万坪の土地を確保。約700メートルの滑走路や格納庫を備えた「防空飛行場」を建設し、それを陸軍に献納した。

競艇事業が築いた「笹川帝国」

39年には自家用機でドイツとイタリアに渡り、ローマでムッソリーニと会見した。これが日独伊三国同盟のきっかけをつくったともいわれる。ちなみにこの時にムッソリーニ率いるファシスト党の影響を受けたのか、一時期、国粋大衆党の党員は黒シャツを着用するようになり、それが同党のシンボルともなった。

最盛期、同党は党員1万5千人を有し、専用の自家用機も20機保有していたという。

その後、同党は国粋同盟に名称を変え、良一は42年、衆議院選挙に大阪5区から立候補して当選。代議士となった。

終戦後、A級戦犯容疑者の指定を受け巣鴨プリズンに収監されたことは前述した。

ノンフィクション作家・高山文彦の著書『宿命の子』には、良一がこの巣鴨プリズン時代にモーターボート・レースに興味を持ったことが記されている。

獄中でたまたま手にした米誌『ライフ』にモーターボートの写真が掲載されていた。それを目にした良一は「モーターボートを持っている者は、自動車を持っている者より、ランクが高いようなことが書いてある」として、競艇への関心が芽生えたというのだ。

49年に出所後、早速、良一は動き出す。競艇を公営ギャンブルとして認めさせるため、主要政党や関係各省庁、有識者などに働きかけを開始した。

モーターボート競走法は51年3月に衆院本会議で可決されたが、参院では社会党などの反対によって否決された。そこで荒業を駆使したのが良一の懐刀だった藤吉男である。藤は与党・自由党の幹事長、広川弘禅の自宅に夜襲をかけて脅し、モーターボート競走法を認めさせた。

藤は国粋大衆党時代からの良一側近で、戦前には枢密銀議長への斬り込み事件を起こすなど、良一の〝暴力装置〟として知られていた。後に藤は東京都モーターボート競走会会長に就任している。

こうして公営ギャンブルを認めさせた良一は52年に社団法人全国モーターボート競走会連合会を立ち上げ、さらに62年には競艇の収益を活用する受け皿組織、日本船舶振興会

（現在の日本財団）を設立した。振興会は競艇の売上金の3％を全国の公益事業に補助した。これを武器に、政界との結びつきをさらに深めていく。

競艇事業から得られる多額の収益を原資に、〝笹川帝国〟が構築されたのである。

一方で、良一は社会奉仕活動家としての知名度も広げた。中でも天然痘とハンセン病の根絶事業に関しては、資金協力を惜しまなかった。ハンセン病のワクチン開発においては、良一は自らワクチン接種の被験者となり、各国の患者施設を回るなどの情熱を見せた。

「要するに、気遣いの人」

右翼、ファシスト、競艇会のドン、政界フィクサー、そして慈善事業家――良一に刻印された様々な評価こそ、まさに彼の軌跡そのものだった。

良一は95年、96歳で亡くなった。

「死んでからなお物議を醸す人だった」

そう述懐するのは、良一とも面識のある地元の古老だ。

「笹川さんは箕面の名誉市民でもあったので、市葬が行われたんです。これが荒れましてねえ」

箕面市は56年に住之江競艇場（大阪市）での開催権を獲得し、毎年約30億円の事業収益を得ていた。しかもそのなかから1億円を、毎年、良一が会長を務めていた「B&G財団」に寄付していた。もともと、これを過度の癒着と見る市民も少なくなく、しかも公金による葬儀が開催されたことで、反発はさらに広まった。

「市民会館でおこなわれた市葬には『A級戦犯』などと書かれたプラカードを手にした市民も詰め掛けて、騒然としました」

激動の時代を生きた怪物は、死してもなお世間を騒がせた。

良一が築いた帝国を、結果的に引き継ぐことになったのが、三男の笹川陽平だった。

アクの強過ぎる父親に対して、周囲の陽平評は、意外なほど凡庸な人物像を浮かび上がらせる。

たとえば「先代とはまるで違う」と話すのは、良一と陽平の双方を知る日本財団関係者だ。

「よく言えば、生真面目。先代を知る者からすれば、あまりに個性が見えなくてつまらない。朝は誰よりも早く出勤し、自分で日本財団に寄付した人にせっせとお礼状を書いたりしていますからね。夜の付き合いもほとんどしないし、昼だって社員食堂でメシを食ってます」

とはいえ、歴代総理がそろって足を向けるほどの人物だ。凡庸なだけでは、そこまでの人間関係を築くことはできないのではないか。こうした疑問にも、この人物は次のように続ける。

「要するに、気遣いの人なんですよ。近くで見ていて思ったのですが、歴代総理との交友だって、先代から引き継いだものではありません。あの人なりに正攻法で関係を築いたのでしょう。陽平さんは議員を励ます会などのパーティーにはまるで顔を出しませんし、ましてや先代のようにカネの力で相手に関係を迫ったりもしない」

ハンセン病理解に関してローマ法王に抗議

別の財団関係者も言う。

「確かに親の七光りが功を奏していることは否めない。しかも関連団体も含めて2千億円以上の資産を持つ財団トップであれば、政治家の側が何かを期待して近づいてくることもあるでしょう。マメで面倒見の良い陽平さんのことですから、少なくとも邪険に扱うことはないと思います。一方で、ああ見えてもなかなかの胆力もある」

この関係者が指摘するのは「ローマ法王への抗議」だ。

2013年3月、法王に就任したばかりのフランシスコは、聖職者の過度な出世主義を批判する中で、「出世主義はハンセン病」だとスピーチした。

これに真っ先に抗議の声を上げたのが陽平だった。

「発言から1週間も経たないうちに、陽平さんはローマ法王あてに遺憾の意を伝える文書を郵送しています」（同）

陽平は父親の跡を継いでハンセン病救済事業に精力を傾け、世界保健機関（WHO）ハンセン病制圧特別大使や日本政府ハンセン病人権啓発大使も務めている。

文書では「スピーチの中で『出世主義』をハンセン病と結びつけてお話しされたことを知りました。これは、この病気について深く染みついた固定観念を強めてしまうだけであり、最も嘆かわしい比喩であります」として上で、「言葉の選択について細心の注意を払っていただくよう、強くお願い申し上げます」と結んだ。

「権威や権力に対して特段に厳しいスタンスを取るわけではないが、ハンセン病に関することであると、どんな権威に対しても苦言を忘れない」（同）

また18年夏には労使の賃金交渉で主導権を失っているなどとして経団連を「軽団連」と自らのブログで批判したことも話題となった。これには経団連会長の中西宏明が長文の反論書簡を陽平に送りつけるといった一幕もあった。

むろん、そうした姿勢に疑念を向ける者がいないわけでもない。

たとえば前述したジャーナリストもそのひとりだ。

「ハンセン病に対する姿勢も、どこか胡散臭く感じるところがある。ミャンマーで、白装束で泥まみれのところに行って、いかにも聖人君子のようにお金をバラ撒くんだからね。どう見られているかを常に気にする人だよ」

　メディア関係者の間で陽平に対する見方が厳しいのは、やはり、良一の晩年に起きた「船舶振興会内紛事件」の記憶が強いからであろう。

　90年以降、〝ドン〟の跡目を狙った陽平と、振興会幹部との対立がメディアで書き立てられるようになった。陽平が鳴沢村の山荘に運輸省（当時）の幹部を招き、ゴルフ接待したという記事が出たかと思えば、振興会周辺で陽平批判を繰り返す右翼団体も登場した。93年6月には、陽平の自宅（東京・世田谷）に銃弾が撃ち込まれるといった事件も起きた。これを跡目狙いの権力欲に取り憑かれた陽平と、良一を支えてきた古参幹部との争いとする報道が一般的だったが、一方では旧態依然とした〝博打産業〟を改革しようとした陽平と、既得権を守らんとする守旧派との争いとする見方もあった。

　いずれにせよ、良一死後、それ以上の内紛を避ける目的もあって、財団会長には作家の曽野綾子が就任。２００５年に、ようやく陽平が第三代会長となった。10年の期間を経て、財団は笹川家に戻ったのである。

「父親を恨んでいたのではないか」

陽平は1939年、東京・浅草の本願寺裏手にある長屋で3人兄弟の末っ子として生まれた。長男は群馬県モーターボート競走会の会長などを務めた勝正、次男は現在自民党衆院議員を務める堯である。

母親はカフェの女給をしていたとも言われ、そこで知り合った良一との間で3人の子どもを産んだ。良一はこの女性と籍を入れていない。つまりは3人ともに婚外子だ。

陽平が初めて良一と会ったのは16歳の時だ。叔父に呼ばれて出向くと、そこに鋭い目つきをした恰幅の良い男性がいた。

叔父は「この人がお前の父親だ」と紹介した。それが良一だった。続けて良一が口を開く。

「お前。勉強のためにこれからウチに来る気はあるか?」

陽平が返答に窮していると、良一は「嫌ならいい」と言い残してその場を去ってしまったという。

母親と相談した上で、陽平は東京・小石川にある良一の家で世話になることを決めた。だが、待っていたのは洗濯、掃除、靴磨きといった日々。高校に通いながら、いわば下働きの書生を務めたのである。

後に経済誌のインタビューで陽一はこの時代のことを次のように話している。

「オヤジは恐かった。呼ばれると震えあがって正座。口もきけず顔もまともに見られなかった」

親子の間のこの微妙な距離感はその後も続き、さらには現在の陽平の自我を支えているのだと指摘する向きもある。

「どこかで父親を恨んでいたのではないか」と話すのは、父子をよく知る人物である。

この人物が例に挙げたのが、陽平のブログであった。

「陽平さんのブログには家族との団欒風景が頻繁に掲載されています。妻や子どもたちと仲良く映っている写真を載せたりして。最初は微笑ましいなあと思っていたのですが、だんだんと、違った意味も透けて見えてきた。陽平さん、おそらく、おれは父親とは違うんだ、こんなにも家族を大切にしているのだということを訴えているのではないかと……」

結局は籍を入れることのなかった良一への複雑な思いが見え隠れする。「本当の家族というものを見せつけているようにも思える」のだとこの人物は続けた。

ギャンブルの「テラ銭」こそが原資

良一と陽平の間にある種の距離感があったことは誰もが認めている。陽平は時に良一の意向に逆らってでも競艇界の改革を進め、一方で良一は周囲に対して「世襲などはしない」と、陽平を突き放すような物言いもしていた。

さて、住み込みの書生のような高校時代を過ごした陽平は、その後、明治大学を経て、笹川関連企業や関連財団などで要職をこなした後、日本財団会長に就任した。

「笹川帝国」は健在だ。陽平の息子・順平への権力移譲も一部では噂されている。

陽平もまた、忙しなく海外を飛び回る毎日だ。各地のハンセン病施設を回り、治療薬を届け、ハンセン病への理解を求める。そのことに限って言えば、崇高な姿には違いない。

だがその一方で常に政権との近しい距離を維持し、時にそれを誇示してきた。国家権力を内に抱えたようなその在り方は、たとえ本人がどれだけ否定しようとも、黒幕と呼ばれた父・良一の姿を彷彿させる。

同時に、ハンセン病患者救済に向けて無私の旅を続ける陽平もまた、ギャンブルの〝テラ銭〟がその行動の原資となっていることも忘れてはならないだろう。彼が否定しようがしまいが、宙に舞った舟券こそがいまの彼を支えているのだ。

池口恵観、「黒幕」と呼ばれた「炎の行者」

クーデター計画「三無事件」

ドアを叩く。応答はない。

横浜市内の古いアパート。90歳の篠田英悟は、ここに一人で暮らしている。外廊下に面した台所の窓が少しばかり開いていた。覗き込んでみたが、薄暗いばかりで何も見えない。雑巾を煮しめたような、すえた臭いが鼻をつく。

あきらめて帰ろうかと思ったその矢先、突然に部屋の中から怒気を含んだ大声が響いてきた。

「日本人として、どう生きるべきか！　アメリカはどこまでも日本を破壊し続けるのだ！」「この腐りきった政界が！」「わが民族の誇りはどこにいった！」

噂に聞いた通りだった。篠田は日がな一日、アジり続けている。

篠田さん、篠田さん。名を告げながら私はドアを叩き続けた。

1961年――旧日本軍将校や右翼学生を中心とするクーデター計画が発覚した。

篠田はその〝主犯格〟にあった。

自衛隊の協力を得たうえで国会を襲撃、政府要人を暗殺して右翼臨時政府を樹立しようとする筋書きだった。首謀者らが「三無主義」（無戦争・無税・無失業）による社会建設を目指していたことから、後に三無事件と呼ばれるようになる。

このクーデター計画は事前に情報が警察に漏れたことで実行には至らず、篠田ら関係者は破壊活動防止法（破防法）によって検挙された。破防法適用第一号の事件としても記録される。

第二次大戦中に零戦パイロットだった篠田は戦後、川南豊作（川南工業社長、三無事件の首謀者）の片腕となり組合対策の労務屋として腕を振るう。クーデター計画においては右翼人士や学生をオルグし、事実上、実行部隊のリーダーとなった。

しかし計画半ばで逮捕された篠田は懲役1年6カ月の判決を受けて下獄。その後は表舞台に立つこともなく、横浜のアパートに40年以上も住み続けている。

アパートの大家によると、篠田は家賃を滞納することもなく、これまでに大きなトラブルを起こしたこともないらしい。だが、この十数年、大家以外の人間と接することはほとんどなく、たまに買い物へ出る以外は部屋の中に閉じこもったまま、例の〝演説〟を繰り返してばかりだという。

結局、私の粘り勝ちで、ようやくドアが開いた。

「こんな部屋だからね。覚悟して入りなさいっ！」

いちいち声が大きいのは、やはり耳が不自由であるからだろう。あるいはまだ、軍人として生きているつもりなのかもしれない。

「憂国の情を持つ青年を集め……」

壁には教育勅語が掲げられていた。

Tシャツ姿の篠田は実年齢よりも若く見えた。

「何が聞きたいっ！」

篠田は吠えるように叫んだ。

三無事件について知りたいのだと話すと、篠田は背筋をピンと伸ばし、一気にまくしたてた。

「時は昭和35年6月！　ソ連、中共、日本社会党によって扇動された数万の左翼学生らは、安保条約締結を阻止せんがため、連日、国会議事堂を取り囲んだのであるっ。当時の岸総理、渋谷区南平台の自宅で泣いておった。このままでは日本が赤化するっ。そこでっ、我々が立ち上がったのである！」

まるで釈台を前にした講談師だった。

「我々は各方面から憂国の情を持つ青年を集め、帝国軍人とともに赤化革命阻止、三無の実現に向け……」

私はおそるおそる話を遮り、本題を切り出した。

――池口恵観さんをご存知ですね？

「池口君！　おう、よく知っている！　池口君は当時、根津（東京都文京区）にあった私の自宅に下宿しておった」

――事件に連座して、池口さんも逮捕されましたね。

「その通りっ。池口君は結果的に不起訴となったが、彼もまた、我々の同志だった！　池口君には代議士秘書として国会に潜入してもらったのである」

ところで、と今度は篠田が訊ねてきた。

「池口君はいま、どうしているのかね？　生きているのか？」

テレビもラジオもなく、新聞も購読していない篠田は、池口の〝活躍〟を何も知らないようだった。

私は池口が有名人であること、政界にもコネクションがあることなどを簡単に説明した。すると篠田は両手をさっと横に大きく広げ、「よしっ！」と大声を出したかと思うと、激しく拍手した。

「それでいい！　それでいい！」

かつての同志が健在であることを喜んだのか、それともいまなお続くクーデター計画のなかで、池口の「国会潜入」が成功したと思い込んでいるのか、現実と妄想の境界を行く篠田の胸の内まではわからない。

政界の指南役、永田町の黒幕

私は質問を続けた。

——池口さんは、どんな人ですか？

「丸いっ！」

——丸い……ですか。

「そうだ。丸いっ！」

——それはどういう意味でしょう。

「角がない！」

——はあ……

「池口君はなあ、笑顔がいい！　そこに人が集まる。僧侶だ。彼は僧侶なのだ。だが、軍人にはなれない！　角がないからだ！　だから人が集まる！」

よくわからない。よくわからないのだが、浮世離れした独居老人の言葉は、しかしどこかで池口を言い当てているような気もするのだ。

とびっきりの笑顔。多彩な人脈。ギラギラした情熱。そして、トリッキーな動きと、漂う胡散臭さ。

それが池口恵観という人物だ。

篠田はまるで柏手を打つような仕草で拍手を続ける。成功を祈るかのように、そして突き放すかのように。

とにかく、この人の名前が飛び出すだけで、にわかに座が匂い立つ。

「高野山真言宗伝燈大阿闍梨・大僧正」なる肩書きを持つ行者でありながら、実際、池口を語る際に用いられるのは怪僧、政界の指南役、永田町の黒幕――といったなにやらおどろおどろしい文言である。

政治、経済、芸能、スポーツの各分野に幅広い人脈を持ち、多くの著名人が彼のもとへ足繁く通う。

森喜朗、小泉純一郎、安倍晋三といった歴代総理の面々。清原和博、金本知憲などのアスリートたち。あるいは角川春樹、家田荘子、といったメディア関係者。いずれも池口の信奉者である。

さらには右翼団体の集会で「愛国」を訴えたかと思えば、北朝鮮に何度も渡り、国交正常化に向けた「工作」にも余念がない。平壌では「よど号」メンバーらとの面会も重ねてきた。２０１３年に朝鮮総連の本部ビル買収に乗り出した際は「北の手先」といった批判も受けた。そして時にはヤクザとの交流さえ厭わない。その間口の広さがまた、行者に凄味を与える一方、ある種の「いかがわしさ」をも増幅させる結果となっている。

朝鮮総連ビルの落札に失敗

池口には邪気と妖気の入り交じったイメージがつきまとう。

だが私の前に表れた池口は、腰の低い好々爺にしか見えなかった。

池口が法主を務める最福寺（鹿児島）。錦江湾を見下ろす高台に位置した寺の応接室で、２０１３年、私は池口と向き合った。

77歳とは思えぬ巨軀を法衣に包み「どうも、どうも」と甲高い声を漏らしながら坊主頭をぺこりと下げる。分厚い唇とギョロリとした眼は確かに人を身構えさせるに十分な迫力を感じさせるが、しかし、表情は柔和で、ときおり目尻を下げて「フォッ、フォッ」と笑う様子には親しみさえ覚えた。

表情に少しばかり疲労の色が見えたのは、朝鮮総連ビルの落札に失敗してから、まだ１

週間と経っていない時期であったからだろう。

「このところ、あまり眠れなかった」と池口は漏らした。

――いきなりこんなこと言うのもなんですが、池口さん、ピンチですよね。

池口は「フォッ、フォッ」と笑いながら、「その通りです」と素直に応じた。

「いろんなことがありましたな。これまでで一番のピンチですよ、体も、こんななったのは初めてです」

そう言いながら、左手で右肩を押さえた。

「腕が痛くて……。よう動かんのです」

体に変調をきたすほどに池口が苦しんだのは事実であろう。

朝鮮総連ビルの競売に応札し、見事落札したものの、結局は資金調達できなかった。しかも保証金として裁判所に預けた5億円を失った。宗教者でもなければ首を吊りたくなるような事態である。

それでも苦痛を訴える言葉とは裏腹に、どこか飄々としているところが、行者の佇まいというものなのだろうか。

さすが怪僧と呼ばれるだけのことはあります。私がそう口にすると、池口は「いや、いや」とグローブのように大きな掌を横に振った。

「怪僧とか指南役とか、そんなこと一切ないです。私はそういうような人間じゃないですから。私はね、どなたが総理になっても拝むだけです。日本がいい国になるようにしていただきたいちゅうことで、総理を思って拝むんです」

そう言って悪戯っぽく微笑む。煙に巻こうとしていることは確かだ。

右翼でも左翼でもなく「仏翼」

では、何者なのか。池口に倣って私も意地悪に聞きたくなった。

――池口さんは左翼ですか？

「いや、左じゃないですよ」

――じゃあ、右翼？

「右でもないですな」

――では、なんですか？

「ブツヨク」

呆気にとられたこちらの表情を確認すると、池口はまたもや「フォッ、フォッ」と甲高く笑った。してやったりの表情である。

「仏さんの翼ちゅうことです。だから仏翼」

なるほど。手ごわい坊さんであることだけは実感できた。

「右翼だろうが左翼だろうがヤクザ者であろうが、私にとっては、みんな仏さんの子供なんです。人間である以上、みんな、まあそれぞれに悩みを持ってらっしゃるじゃないですか。そういう人たちを導くのが私の役目なんです」

それが仏の道。いや、仏の翼。来る者拒まず、の精神なのだ。では、清濁併せて包み込むその「翼」は、いったいいつから飛翔をはじめたのか。

大隅半島のほぼ中央に位置する鹿児島県東串良町。志布志湾から少しばかり内陸に入った柏原という集落に、池口の生家がある。見渡す限り田畑ばかりの長閑な田舎町だ。

1936年、鮫島家の6人兄弟の末っ子として池口は生まれた。本名は鮫島正純。池口恵観を名乗るのは、大学生の頃、両親が離縁してからである。

ちなみに元首相小泉純一郎の父、純也は同県内川辺郡（現南さつま市）の出身で、旧姓は鮫島である。両鮫島家が遠縁にあたるというのは池口の弁だ。

池口によれば生家は室町時代から500年以上も続く修験行者の家系だという。父の弘明《こうめい》は真言宗の僧侶であった。

「お坊さんと言うより、あの家は祈禱師みたいなことをやっとったなあ」

地元の古老はそう振り返る。

「お寺さんではなく、家も普通の造りでした。それでも遠方から信者さんたちが訪ねてきては、拝んでもらっていたようです。弘明さんの本業は確か警察官だったと思います」

現在、生家のあった場所には柏原高野山西大寺が建てられ、池口の長男・豪泉が住職を務めている。

靖国と戦地慰霊へのこだわり

柏原を訪ねた際、たまたま立ち寄った家の主が、池口とは小中学校の同級生だった。かつて東串良で町長を務めたこともある北岡健一（77歳）。

北岡は子どもの頃、池口のことを「水屋どんのまあちゃん」と呼んでいたという。

「鮫島家の屋号が〝水屋どん〟だったんですわ。あの家は、このあたりでは教育に熱心な家として知られていましたな。実際、鮫島の兄弟はほとんど大学に進みましたからね。こんな田舎町にあっては珍しい。やはりお母さんの影響でしょうな」

池口の母、智観は指宿の出身で、地元の名門校・鹿児島第一高女（現・鶴丸高校）を出ている。

「勉強の面倒を見るのは智観さんの役目。子どもたちに一生懸命、教えていましたよ。だから兄弟はみんな成績が良かった。だが鮫島（池口）はガリ勉というタイプでもなく、どちらかといえばガキ大将だったかもしれんね。というか、友人たちのまとめ役みたいなもんでしたな」

小学校時代からリーダーとしての素質はあったという。

「不思議な魅力が備わっていたように思うんですわ。けっして怒らない。いつもニコニコしとる。なのに、鮫島の言うことだけは、みんなよう素直に聞くんですよ。遊ぶ時も、こっそりスイカを盗りに行く時も、気が付けば、いつも鮫島が先頭に立っている。子どもの頃から体格はよかったし相撲も強かったけれど、けっして強引に引っ張っていくわけじゃないんです。周囲のもんは、知らんうちに、あの笑顔に引っ張られてしまったんでしょうなあ」

池口が小学生だった頃は太平洋戦争の時期と重なる。戦争末期ともなると、近くの鹿屋航空基地から、特攻隊の兵士が池口の家を訪ねるようになる。残された家族の幸運を祈願するためであった。

池口は、そのときのことを次のように話した。

「兵隊さんがね、死んだら靖国神社に行くんだっちゅうて言うてらっしゃったわけです。だから靖国神社ちゅうのは私は小さいときから、ものすごい思い入れがあるわけですね。いまでも東京に行ったら必ず足を運ぶんですよ。まだアジア各国に、靖国に帰ることもできんで、倒れたままの兵隊さんがいっぱいおるわけです。そうした人の霊を慰めて、一緒に帰りましょうねちゅうて、靖国神社まで連れてくるのが私の役目だと思っています」

靖国と戦地慰霊へのこだわりは、幼少時の記憶がベースになっているのだと池口は力説する。また同時に、そのことが日本青年社や一水会などの右翼団体と強い結びつきを生み出すことにもなった。

さらに面妖な舞台が用意されていた

池口は地元の志布志高校を経て、和歌山県の高野山大学に進学した。高野山真言宗が経営する宗門立大学である。一般大学に進み、いずれは新聞記者かパイロットになりたいという夢もあったそうだが、池口を行者の跡継ぎに決めた両親の勧めに逆らうことができなかったという。

飯塚市（福岡県）の観音寺で住職を務める古賀良洋は、高野山大学で池口の後輩だった。

「学内の九州出身者でつくる鎮西会という親睦組織がありまして、そこで池口さんと知り合いました。彼は相撲部に属していてね、まあ、ある意味、花形選手の一人ではありましたね」

大学入学と同時に始めた相撲であったが、池口は恵まれた運動神経と体格で、めきめき頭角を現していく。三回生のときに行われた全国学生選手権では「優秀32選手」にも選ばれた。このとき同じく「32選手」に選ばれたひとりが、東京農大の長濱廣光で、後に「豊山」のしこ名で小結を張ることになる。

「相撲が強いだけではなく、踊り（宗教舞踊）も上手でね、多才なところがありました。人気者だったことは間違いない。それでも謙虚なところも持ち合わせていたから、けっして鼻につくタイプではなかったんです。少なくともいまのような目立ちたがり屋ではなかった」

古賀が言う「多才」を池口も自覚していたようだ。

在学中、池口は役者に憧れ、大映のニューフェイスに応募している。

「試験受けるために上京したんですよ。三次面接までは通過したんですけどね。審査員の前でパントマイムをやれっちゅう話になって、私はそんなことできんわけですよ。踊りなら自信はあったけれど。もう、パントマイムなんてもん、やりたくないから、試験途中で帰っちゃったんです」（池口）

九州男児としてのプライドを強固なまでに押し出すことがなければ、あるいは池口には違った人生があったかもしれない。

だが、彼にはさらに面妖な舞台が用意されていた。

前代未聞のクーデター計画――。三無事件である。

卒業後、池口は印刷会社でサラリーマン生活を送るも、肌に合わず半年も経たずして退職。九州へ帰った。

共産革命を阻止するための予防革命

今後、何をすべきか。どう生きるべきか。日課の護摩行を続けながら、若者特有の悶々とした気持ちを持て余していた。

そこへ大学時代の先輩が訪ねてくる。池口に対し、真言宗を広める聖法団なる組織に加わってくれと要請されるのである。聖法団のメンバーには、前述した高野山大学時代の後輩、古賀良洋も名を連ねていた。

聖法団は布教だけでなく、各地で時局講演会も開催した。60年安保で世間が騒然としていた時期である。共産革命によって宗教者が弾圧されるのではないかという警戒心から、聖法団は旧軍出身者など右派人士を講師として招き、政治的色彩を強く打ち出していた。

これといったイデオロギーを持っていたわけでもない池口だったが、聖法団の活動へ関わり、周囲から共産主義の脅威を説かれるなか、徐々に右派的心情へと染まっていく。

あるとき、池口のもとをまたもや一人の男が訪ねてきた。池口を聖法団に誘った先輩の兄だと彼は名乗った。

この男こそ、冒頭で紹介した篠田英悟である。

篠田は唐突に切り出した。

「共産革命を阻止するための予防革命を計画している。そのためにいま、国会に潜入できる者を探している。ぜひ、キミにやってもらいたい。日本をアカから守るために大役を引き受けてくれ」

池口にとっては驚天動地の話ではあったが、結局はその「大役」を引き受けるのである。

このときの心情を池口は次のように話す。

「このまま行者として生きていくことに迷いもあったんです。体ごと飛び込んでいける世界への憧れみたいなものもあったんでしょうな。もちろん、共産革命から仏教を守らねばならんという危機感もあった。それが危険を伴う〝仕事〟であるっちゅうことも理解しましたが、いつしか高揚も感じていましたね」

こうして篠田の誘いを受けた池口は上京。クーデター首謀者である川南豊作の紹介状を持って、長崎県選出代議士・馬場元治の秘書となるのであった。また、後輩の古賀良洋も篠田の運転手としてクーデター計画のメンバーに採用される。

「国士気取りによる戦争ごっこ」だったのか

後に裁判で明らかとなったクーデター計画の概要は以下の通りである。

①通常国会開会式の日（12月9日）、武装した約２００名で国会に突入、占拠。
②閣僚全員を監禁、抵抗する者は射殺。
③報道管制を敷く。
④自衛隊には中立を働きかけ、鎮圧部隊の出動は内部の協力者に抑えてもらう。
⑤戒厳令施行。三無主義をスローガンとした臨時政府を樹立。
⑥容共的な政治家、労組指導者などを粛清。

なんとも物騒な計画であるが、池口ら若手メンバーは、この詳細を知らされていなかったという。

「とにかく、国会内部の造りを調べろというのが私に課せられた役割だったんです。図書室から国会の設計図を取り寄せたりしてね、警備員の配置とかも調べました」

突撃、占拠をスムーズに運ぶための図面作りである。

だがその頃すでに警視庁はクーデター計画を察知し、川南や篠田らの行動確認を進めていた。

61年12月12日、まずは川南、篠田、古賀らが逮捕される。実はその前日、池口は「いやな予感がして」、国会便覧に赤鉛筆で丸印をつけた「死刑リスト」を焼却していた。これが残されていれば、さらに世間は大騒ぎとなっていたことだろう。

そして翌年1月、池口もまた破防法容疑で逮捕されるのであった。

結局、約20日間の勾留を経て起訴猶予となるのだが、このわずかな「獄中体験」は、池口にとってひとつの転機となったという。

「もう一度自分を見つめ直して、再び行者として生きていかないかんと決意したんです。行者としての自覚が足りない部分もあって、なにか政治に惹かれてしまうところがあった」

こうして池口は再び鹿児島に戻り、修行の道に入るのである。

ところで、池口よりも1カ月早く逮捕され、懲役8カ月執行猶予1年の判決を受けることになった古賀良洋は、池口の話す「クーデター話」に疑問を投げかける。

「彼は本当にクーデター計画であることを理解したうえで、代議士秘書になったんですかねえ。私には大げさに話しているようにしか思えない。世間では三無事件を『戦後初のクーデター計画』などと持ち上げるフシもあるが、あれは壮士、国士を気取る連中による想像だけの戦争ごっこみたいなもんですよ。池口さんは、なんも知らんかったんじゃないですか？　国会潜入なんてのは大げさな話で、実際は普通に下っ端の秘書として送り込まれただけじゃなかろうか。時間が経過すると、だんだんと話が大きくなる」

古賀が池口に対して冷たい物言いをするのは、現在の池口が仏教の本道をはずれているかのように見えるからでもある。

「ただの目立ちたがり屋にしか見えない。大学時代の仲間の多くは、池口さんを冷たい視線で見ていますよ。派手な話題をブチ上げて、注目を集めたいだけだって」

古賀はそう言いながら、手を鼻に当てて天狗の真似をした。

「こげんなっとるんじゃなかろうか」

森喜朗、小泉純一郎、安倍晋三という人脈

池口が鹿児島市内に「波切り不動・最福寺」を開いたのは1967年のことである。さらにその2年後には高野山の巡回伝導部長にも就任、米大陸を布教して回るなどした。

この時代から、池口の「加持祈禱」や「護摩行」を頼る人々が鹿児島を訪ねる機会が増えてきた。

池口の行を受けると「病気が治る」「運が開ける」といった評判が立つようになった。

評判が伝わり、神頼みが好きな著名人も集まってくる。

池口によると、政界との結びつきは自民党内派閥・清和会（清和政策研究会）幹部だった三塚博がつくったという。池口の熱心な信者であった三塚は、後に福田赳夫を紹介。それがきっかけとなり、森喜朗、小泉純一郎、そして安倍晋三といった人脈をつくっていく。

政界やスポーツ界だけではない。意外なところで池口は評価もされている。

実は、池口は医学博士でもある。99年、山口大学から医学博士号が送られた。

そのきっかけをつくったのは岡山大学教授の荻野景規だ。

1985年。山口大の医学生だった荻野は、白血病と診断された。抗がん剤治療に苦しみ、生きる希望も失っていた。そんなときに書店で池口が著した密教関係の本を手に入れる。

「何か感じるものがあった」という荻野は池口のもとを訪ね、護摩行に参加した。

護摩木を火にくべながら、炎熱に耐えてひたすら不動真言を唱える荒行だ。

「焼け死ぬかと思うくらいの苦痛を感じましたが、もう死んでもいいやという破れかぶれの気持ちで耐え抜きました」

護摩行を何度か繰り返していくうちに体調がよくなった。池口は「霊気が上がってきた。もう大丈夫」だと言う。そこで、おそるおそる抗がん剤の服用をやめてみた。

それから30年近くが経過したいまに至るまで、白血病は再発していない。

あけっぴろげなところが魅力

「医者である自分が言うのもなんですが、科学的に説明できないこともあると思う。ただ、あの苦しい荒行に耐えることで、何らかの生体内現象が起きたのではないか。免疫システムが動きだしたことは間違いない」

自らの体験で「未知の力」を感じた荻野は、恩師の山口大教授に池口を紹介する。それがきっかけで池口は同大の非常勤講師に招聘され、後に「仏教と生命倫理」をテーマに学位論文を執筆。めでたく医学博士となった。

荻野は「池口先生はホンマもんの行者」だと強調する。

「先生は行者としての修行を休むことがない。実践し続ける人なんです。何かを悟っただけのような高僧、名僧と呼ばれる坊さんとは、そこが違う」

もちろん、そんな池口に対し、ある種の胡散臭さを感じ取る者も少なくはない。仏教関係者からは「宗教者というよりもパフォーマー」「フィクサー気取り」といった声も聞かれる。

それは私も同じだ。

たとえば、２０１３年5月14日に鹿児島市内のホテルで開催された「第百回焼八千枚護摩供成満祝賀会」なるパーティー。

その前夜、池口は夜を徹して8千枚もの護摩を炊いた。一般的な行者ならば、生涯で一度経験できるかどうかといった真言密教最大の荒行である。これを100度目というのだから、確かに祝賀に値する偉業であることには違いない。

だが、音楽と照明で演出された仰々しいパフォーマンスの数々、地元有力者の挨拶が続くパーティーは、いかにも世俗に堕したかのような中身で、鼻白むしかなかった。

だがその一方で、先の荻野のように「池口の実践」を積極的に評価する者が多いことも、また事実である。

「世間的には派手な坊さんだと見られてはいるが、実際は努力の人」

そう話すのは京都・亀光庵の住職、土口哲光(72歳)だ。土口はかつて宗教業界紙「中外日報」の記者を務めていた。90年代初頭、無名時代の池口を何度も紙面で取り上げたことがある。

「求道者であることは確かなのです。経験してみればわかることですが、灼熱と格闘する護摩行なんて簡単にできるものではない。8千枚護摩行など常人のすることではないし、池口さんは1日に1万枚の護摩炊きを100日間続けるといった〝100万枚護摩行〟も89年に達成している。並みの精神力ではないのです。シャーマンですよ、彼は。そりゃあ、政治家が寄ってくるのも当然だと思います。しかも彼は、ストイックなところを人に見せつけようとはしない。そんな人間臭いところも魅力なんです」

断食する際に苦しい顔を見せるな、とはキリストの教えだ。どうやら池口には、そんな一面がある。

古くから池口と親交を持つ評論家の田原総一朗も、池口のそうした飄々とした部分を人間的魅力として捉えている。

「政治家が相談したりする宗教者は他にもいるけれど、普通は隠すでしょ。池口さんは隠さない。あけっぴろげなんです。相談する政治家や有名人は、あけっぴろげだと思うかこそら、気楽に池口さんのところに行くんじゃないですかね。もちろん清廉潔白だと言い切るつもりはない。宗教がらみでお金を動かしたりすることはあるかと思うけど、でも、あの人はそれもみんなあけっぴろげに話しちゃうでしょ」

「よど号グループ」田宮高麿を供養

その池口の名を一躍世に知らしめたのは、言うまでもなく「朝鮮総連問題」だ。

結果として総連の本部ビルを落札することはできなかったが、それでも池口の〝介入〟に対して、世間の一部からは「制裁中の北朝鮮を手助けするもの」といった批判が相次いだ。鹿児島の最福寺にも「国賊」「売国奴」と池口を罵倒するような電話やファックスが相次いだという。

「でもねえ、誰かがやらんと、日朝間で戦争が起きてしまうかもしれない。総連というのは北朝鮮にとって大使館みたいなもの。なんとかしてやりたいという気持ちは今でも変わりません」

と池口は話す。

池口と北朝鮮とのつながりは、1996年にまでさかのぼる。この年、平壌で客死した「よど号グループ」のリーダー・田宮高麿の葬儀が東京でおこなわれた。そこで読経を任されたのが池口だった。

依頼したのは京都で出版社や企画会社を営む佐々木道博である。

佐々木は70年代の京大学生時代、自治会委員長を務めた新左翼活動家だった。そうしたことから「よど号グループ」との関係もあり、連絡を取り合っていた。

「田宮の読経は、ぜひとも池口さんにお願いしたいと思っていたんです。池口さんとはそれまで何度かイベントで顔を合わせた程度でしたが、快く引き受けてくれた。どちらかといいえば右翼的な人ではあるけれど、田宮の話をすると『田宮さんというのは大塩平八郎のような人ですね。ぜひ、私に供養させてください』と言ってくれたのです。義の人なんですよ、池口さんは。ちなみにお布施も交通費も受け取らず、自腹で引き受けてくれた」

これが縁となって二人の交友は続き、２００９年、佐々木の誘いで池口は初訪朝を果たした。以来、これまで5回に渡って北朝鮮を訪ね、「国賓並みの待遇」（佐々木）を受けるまでになった。

池口と一緒に訪朝したことのある新右翼団体「一水会」顧問の鈴木邦男は、法衣のままで平壌を歩き回る池口を見て、「純粋な人だなあと思った」という。

「身構えたところがまったくないんですよ。北朝鮮に対して何の偏見もない。だから、金正日観音像なんてものを平気でプレゼントしちゃう（笑）」

池口は「国交正常化を実現し、拉致被害者を返してもらうことが訪朝の目的」だと主張する。

北朝鮮と池口の関係が伏線

一方で北朝鮮の側も「右翼に近い」池口だからこそ、積極的な交流を図っている――そう説明するのは北朝鮮情報に詳しいデイリーＮＫ東京支局長の高英起《コウ・ヨンギ》だ。

「北朝鮮は昔から一貫して自民党しか見ていない。一番の敵と関係を結び、打開策を図っていこうとするのが北朝鮮外交というもの。その場合、政府要人との関係も深い池口氏を厚遇するのは当然と言えば当然」

こうして築かれた北朝鮮と池口の関係が、総連ビルの落札への伏線となったことは間違いない。

だが池口は「けっして北朝鮮や総連側からの要請で落札に動いたわけではない」と力説する。

「確かに北朝鮮の政府幹部から『大使館機能を一方的に奪われたら戦争になってもおかしくない』とは言われました。それだけは避けたいという気持ちがあったんです。それに、あのビルがね、他の企業などが落札したら、マンションやらホテルやらができるかもしれません。それも避けたい。絶対に北朝鮮を刺激します。私はね、いずれはあの場所に大きな広場でもつくって、慰霊塔でも建てたいと思っていた。それまでの間、総連にビルの一部を貸し出してもいいと考えていた」

最福寺が総連本部ビルを約45億円で落札したのは2013年3月のことである。以来、資金調達に奔走したのが、池口の秘書である東勝也だ。

東は落札から、購入断念に至るまでの経緯を次のように説明した。

まず、落札時に裁判所へ納付した5億3000万円は、すべて信者から借り受けたものだという。

問題は残りの40億円である。東はあるメガバンクとの間で一度、融資契約が結ばれたという。担保となったのは池口が所有する最福寺別院（神奈川県江の島）の位牌（霊廟）である。

「江の島には2万体の位牌がある。これを一基100万円で販売すれば200億円となります。正確には、この事業計画を担保としてメガバンクから融資を受ける予定でした。ところがこの融資に対して金融庁から横やりが入るわけです。おそらく、これは公安筋の意図なのでしょう。結局、融資は頓挫しました」

その後、メガバンクの紹介で地銀、北朝鮮の資源獲得に意欲的な総合商社、投資会社などが融資元として名乗りを上げるが、いずれも合意に至らない。

鬼気迫る表情で護摩行

いよいよダメかという時になって、最後にメガバンクから紹介されたのが某ゼネコンだった。

「入金期限ぎりぎりの5月8日、このゼネコンは臨時取締役会を開いて、48億円の融資を決めるのです。正直、私はこれで決まりだと思いました。池口先生も喜んでいましたよ。翌日には振り込まれるというのですからね。ところが、約束の日になっても振込がない。どうしたのかと思っていたら、ゼネコンを紹介してくれたメガバンクから『大変なことが起きた』と電話があったのです」

　メガバンクに駆けつけてみれば、案内された役員室の隣の部屋で、担当者と金融庁職員が大声で怒鳴りあっていたという。さらに、ゼネコンの取引銀行にも金融庁職員と公安関係者らしき人物が押しかけ、送金手続きをさせないよう妨害していることもわかった。

「もう、これで終わりだと確信しましたね。これは私の推測ですが、金融庁というよりは公安筋による圧力だと思います」

　要するに融資を受けることができなかったのは「国の意図」だと東は主張するのである。

　これに対し、今回の落札劇を追い続けてきたマスコミ各社の担当記者は一様に首をかしげる。

「まったくウラ取りできない話なんです。金を集めることのできなかった理由を〝作った〟のではないかと疑う向きもあるくらい」（全国紙記者）

　実際、東は「関係者に迷惑がかかる」として、メガバンクなどの名前を一切明かしていない。私もメガバンク、金融庁などに確認をとったが、いずれも広報担当者は「聞いたことのない話」だと一笑に付すばかりであった。

　だが少なくとも私にとって落札劇の真相は、さほど重要なこととは思えなかった。

　黒幕と言われ、指南役と呼ばれた池口の神通力にも、いわば限界があったということだ。

宮廷人事を支配したラスプーチンほどの影響力などなかったと知れたことのほうが、意味は大きい。

――池口さん、結局、いま一番したいことは何なのですか？

私の問いかけに、池口は相変わらず穏やかな笑みを浮かべたまま、こう答えた。

「私が真剣に考えられるのはね、行しかないんですよ。行だけ。それだけ。でもね、これだけは命がけでやりますよ。もう、ほかのことはあまり考えない」

8千枚護摩行を私は間近で見た。池口は77歳の老体で火の粉を受け止め、鬼気迫る表情で護摩をくべ続けた。額はオレンジ色に染まり、坊主頭に刻まれた深い皺から汗がしたたり落ちる。

「行場が行者の死に場所だ」

池口の母・智観の教えだという。

炎の行者――それだけが、池口を物語るに必要な、ただひとつの「真実」ではないのか。

第五章

ヘイトの現在地

ヘイトの現在地――あるタクシー会社社長が出した答え

浪速の「悪徳社長」の存在感

事務所のドアを開けたら、ちょうど業界紙の取材中だった。

「おお、そうだった。約束重なっていたな。すまん、すまん」

軽く頭こそ下げているが、特段にすまなそうな感じはなく、笑顔で私を部屋の中に招きいれた。

「で……誰やったっけ?」

そう言いながら人懐っこそうな表情で私の顔を覗き込む。それが、この人の持ち味なのだろう。悪い感じはしない。

坂本篤紀氏(49歳)――。大阪市住之江区に本社を持つ「日本城タクシー」社長である。あらためて来意を告げると、「ワシ、悪徳社長やからなあ。金儲けの話なら、いくらでもしまっせ」と大げさに胸を張ってみせた。

この「悪徳社長」、実は地元大阪で少しばかり話題になっていた。

2015年1月末から、自社で所有するタクシーすべての後部窓に、「ヘイトスピーチ、許さない。」と書かれたステッカーを貼りつけたのだ。大阪市内ではヘイトスピーチに堂々と異を唱える54台のタクシーが街中を流している。

怒号まみれの〝差別デモ〟だけではなく、うっすらとした排外的な気分が世の中に広がるなか、客商売の民間企業があえてこうした「反ヘイト」を訴えることには、それなりのリスクと覚悟が必要であろうことは想像に難くない。

だから興味を持って訪ねてみたのだが、間近で見る坂本氏は当初予想していたような社会運動家的な空気をまとった人ではなく、算盤をパチパチ弾く音が聞こえてきそうな「浪速の商人」然として私の前に現れた。

雑談を終えると坂本は私を駐車場に連れ出し、停めてあったタクシーの後部窓をポンポンと叩いた。

「目立ちますやろ？」

確かに。

「こんなん貼ってるの、ウチのタクシーだけやから、すぐに『日本城や！』ってわかってもらえますがな」

黄色を背景としたデザインは遠くからでもよくわかる。でも、このデザイン、どこかで目にした記憶があるのだが……。

「法務省の啓発ポスターとそっくりやろ？　というか、そのまま使わせてもらった（笑）。もちろん無断使用やない。ステッカー作り終えてから法務省に電話したら、かまへん言うてた。お上のお墨付きや」

商売のための「反ヘイト」

2015年初め、法務省はヘイトスピーチ防止を目的とした啓発ポスターを製作。1万6000枚を各省庁や出先機関、自治体などに配布したほか、主要ターミナルの液晶広告板にも映し出されるようにしている。

で、この「お墨付き」ステッカーをなぜタクシーに貼ろうと……私の質問が終わらぬうちに、坂本氏は「商売のためや」と笑いながら答えた。

「大阪はぎょうさんタクシーが走っている。そんななかでヘイトスピーチに反対しているタクシー見つけたら、『ようやってるなあ』と評価してくれるお客さんもいるはずや。わざわざ選んで乗ってくれるお客さんもいるかもしれん。そしたらウチも儲かるがな。な？悪徳社長やろ？」

どこまで本気なのか、たんなる韜晦《とうかい》なのかはよくわからない。だが、小難しい理屈をこねて「反ヘイト」を語らないところに、かえって好感を持った。

そうなのだ。ヘイトスピーチに反対するということに、政治的信念やイデオロギーなど必要ない。そもそも差別する側は、きわめてカジュアルに他者を貶める。ときに差別じたいを娯楽の道具にする。であるならば、それは許されないことなのだと、社会の〝常識〟として、普通に返せばいいだけだ。たとえ「商売のため」であっても何が悪かろう。

だが――当然ながら、その「商売」にケチをつける者も現れる。

「なにがヘイトを許さない、や。いい気になるな」

「在日特権をどう思っているんだ。朝鮮人を批判しろ」

坂本の会社にはそんな嫌がらせ電話が後を絶たない。

「なるほど、これがヘイトっちゅうもんやなあと、むしろ、世の中の気分みたいなもんがようわかりましたよ。だからますますやる気になりましたわ。ナチスみたいな連中をのさばらせてはいかんと」

「商売」を繰り返し強調する坂本ではあるが、話し込むうちに彼を衝き動かした二つの風景があることを知った。

一つは〝差別デモ〟の風景だ。大阪市内で、坂本は何度か在特会などが主催する「日韓断交デモ」を直接目にしている。日の丸や日章旗が林立するなか、デモ参加者は韓国に対して、さらには在日コリアンに対して、耳をふさぎたくなるような罵声を飛ばしていた。

「在日は国に帰れ」「大阪湾に沈めたる」

一部の者たちはヘラヘラ笑いながら「殺せ」と叫んでいた。

政治的な文脈のなかに収まらない薄っぺらな言葉であるだけに、かえって怖かった。背筋が寒くなった。震えが来た。同じ人間が、なぜあそこまで暴走するのか理解できなかったという。

「橋下さんが呼ぶべきなのは在日の子どもたち」

「社会の何かが崩れていくような、そんな気持ちになったんです」

そう話すときの坂本は、それまでのおどけた表情とは違った、なにか物憂げな顔つきを私に見せた。

そしてもう一つ。2014年10月20日に大阪市役所でおこなわれた橋下徹大阪市長と在特会の桜井誠会長（当時）の〝会談〟である。「双方に対して怒りを覚えた」と坂本は言う。

あの日、私もその場にいた。大阪市の広報が事前に配布したプレスリリースには両者の「意見交換」と記されていたが、いざフタを開けてみれば「交換」どころか、プロレスのマイクパフォーマンスまがいの展開となった。

「オマエみたいなのはな、許せねえって言ってんだよ！」「だったらやってみろよ！」双方が敵意を剝き出しにした罵倒の応酬を繰り広げた。激昂した桜井が橋下につかみかかろうとして私服警察官に制止されるといった場面も見られた。

「どっちもどっちだよな。両者ともに下品きわまりない」

その場にいた報道陣からそうした声が漏れたのも致し方なかろう。

私自身は、桜井を「差別主義者」と一方的に断じ、大人が子どもを叱りつけるような態度を最後まで崩さなかった橋下を、この点に関してのみ評価したいと思った。

橋下の在日コリアンに対する認識や政策に関しては大いなる疑問を感じるが、街の風景を汚し続けてきた在特会の代表に対して、「大阪に来るな」と突き放すのは、けっして間違っていないと思ったのだ。

しかし、坂本は橋下にも桜井にも怒っていた。「そもそも会談なんてすべきじゃなかった。何の意味もない」とまで言う。

「橋下さんは呼ぶべき相手を間違っている。市役所に招くのであれば、桜井じゃなくて市内に住んでいる在日の子どもたちだと思いますよ。子どもたちを市長室に招き入れて、こう言えばいいねん。『みんな心配せんでもええからな。おっちゃんが、あんたら守ったる。絶対に守ったる』」

しかし橋下は被害者ではなく、加害者を呼んだ。対談相手が違うやろ、というわけだ。そうしたことがあって、坂本は自らがすべきことを決めた。傍観するのではなく、テレビに向かって文句を垂れるばかりではなく、企業経営者として社会に訴えていく必要性を感じたのだという。

坂本自身は日本国籍の日本人であるし、それまで社会運動にかかわった経験もない。若いころは在日コリアンという存在に偏見を持っていたこともある。だが、世の中を知り、ビジネスの経験を積み、生身の在日と交流していくなかで、差別することの愚かさを学んでいく。ヘイトスピーチの飛び交う状況は、商売にも、社会のためにも、何の役にも立たないことを知っていく。

もしも〝ヘイトな客〟がステッカーに文句をつけてきたらどうするのか。私がそう尋ねると、即座に答えが返ってきた。

「議論すればいいねん。運転手ひとりひとりが、なぜヘイトスピーチに反対するのか、説明すればいい。だから、ウチの運転手は大変や。勉強せなあかん（笑）」

ヘイトスピーチ包囲網

「なぜヘイトスピーチを放置しているのか」

私が差別デモの主役たる在特会をテーマとしたノンフィクション『ネットと愛国』を出したのは2012年のことだ。あれから状況は少しずつ変化してきた。

2013年から14年にかけては差別デモも大きな盛り上がりを見せ、それまで関心を寄せることのなかったメディアが、これらを大きく報じるようになった。2013年末には「ヘイトスピーチ」なる言葉が、その年の流行語大賞のトップテンにも選ばれている。

だが一方で、差別デモやヘイトスピーチに対する社会の包囲網も徐々に狭まってきた。

2009年に在特会のメンバーらが京都朝鮮第一初級学校（現・京都朝鮮初級学校）に押しかけた「襲撃事件」の民事裁判では、2014年12月、最高裁が同会の上告を棄却し、約1200万円の高額賠償と街宣差し止めを命じた大阪高裁判決が確定した。

少し遡った同年8月には、国連人種差別撤廃委員会が在特会の活動などを「人種・民族差別」と断じたうえで、日本政府に対して法整備を求める勧告を出している。

私はスイス・ジュネーブで開催された同委員会の日本審査を取材したが、ヘイトスピーチは絶対に許されないと考える国際社会と、消極姿勢を変えない日本政府代表団との温度差が強く印象に残った。

「なぜヘイトスピーチを放置しているのか」「警察はなぜ、差別集団を守っているのか」

各国委員から相次ぐ疑問に、わが政府代表団は「日本には深刻な差別は存在しない」「啓発、啓蒙をしている」と答えるのが精いっぱいで、いわば〝フルボッコ〟状態から逃れることはできず、結局、早急な対策を求める勧告が出されるに至ったのである。

これを受ける形で、国内でもヘイトスピーチ対策を早急に整備するよう国に求める意見書が、多くの自治体で採決されるようになった。先駆けとなったのは国立市（東京都）である。

同市議会は2014年9月19日、社会的マイノリティへの差別を禁止する新たな法整備を求める意見書を賛成多数で採択し、衆議院議長、参議院議長、内閣総理大臣、法務大臣宛てに届けた。提案者のひとりである上村和子市議は次のように話す。

「マイノリティが安心して暮らせるような社会を作ることも行政の大事な役割だと思うんです。その使命を放棄したくなかった」

ニュースや新聞記事でヘイトスピーチの現状を知り、それがきっかけで差別問題に関する学習会などに足を運んだ。そこで京都朝鮮学校襲撃事件の映像や差別デモの様子を映した動画を目にした。

社会の公平性を取り戻す

「一部の人間による、特別な事件なのだと考えることができませんでした。これは社会の問題であり、また地域の問題だと思ったんです」

素案をつくり、自民党から共産党まで、すべての同僚議員を説得してまわった。反対する者はいなかった。「みんな、わかってくれるんだ」と安心した。

しかし、採択が決まり、それが報道されると、今度は非難の声が上村に寄せられた。

自宅に抗議電話が相次いだ。

几帳面な上村は、そんな電話にも根気強く応対した。ある女性は「ヘイトスピーチを規制する必要はない」と電話口でまくし立てた。

「在日なんて嫌われて当然。税金だって払っていないんだから！」

もちろん、まったくのデマだ。

上村は「そんなことはない」と説明したが、女性は「あなたがうそを言っている」と聞く耳を持たなかった。

市役所にも決議を非難する電話やメールが届けられた。すさまじい抗議の嵐に一瞬たじろいだという。

「でも、被差別の当事者であれば、もっと激しい罵倒もされるのだろうと思うと、落ち込むわけにいかなかったんです」

そして、世間はけっして非難一色ではなかった。国立市の動きは全国に知られるようになり、ヘイトスピーチ対策を求める自治体決議が全国に広まっていったのである。

２０１５年４月には、同様の議会決議をした自治体が全国で40に達した。

また、「カウンター」と呼ばれる反差別運動に参加する人々により、醜悪なデモや集会が封じ込められている現状も無視するわけにはいかない。

高校生が、大学生が、会社員が、主婦が、ミュージシャンが、劇団員が、年金生活者が、街頭で在特会などのデモに対して抗議の声をあげる風景は、いまや珍しくなくなった。その多くはこれまで「運動」とは無縁の、しかし理不尽な差別に対しては憤りを抱える者たちである。

ときに中指を立ててデモ隊に罵声を飛ばすカウンターに対し、「カウンターの言動もひどい」と冷めた見方をする人々がいるのも事実だが、私は同意しない。

被差別の当事者が「死ね」「殺せ」と、のど元に匕首《あいくち》を突き付けられた状態にあるなかで、運動のあり方を評論している余裕などありはしない。「どっちもどっち」と冷笑するだけでは被害者は救われないのだ。

「差別をやめろ」と言い続けることは、レイシストによって破壊されつつある社会の公平性を取り戻すことでもある。

在特会の動員力は落ちている

実際、こうした動きによって、少なくともそれまで差別の主役であった在特会の動員力は落ちている。いや、追い込まれているといってもよいだろう。前出の坂本のように、社会運動と距離を置いてきた者でさえ、危機感を持って立ち上がったのだ。

在特会の設立者であり、8年間にわたって会長を務めてきた桜井誠が同会からの「引退」を表明したのは2014年11月のことだった。

桜井は自らが配信する「ニコニコ生放送」の番組で「組織のトップが変わらないと新陳代謝ができない」と引退理由を説明。そのうえで「個人として活動は続けていく」とした。

だが「新陳代謝」を額面通りに受け取る関係者は少ない。

「要するに世間のヘイトスピーチ批判が確実に効いている」と内実を漏らしたのは、ある地方支部幹部だ。

「橋下会談などで確かに桜井の知名度は上がりましたが、同時にヘイトスピーチの代名詞のように会が世間から認識されてしまいました。そう見られることが嫌で、実は活動から離れる会員も後を絶たない。機能停止状態にある地方支部も少なくありません。本来ならば桜井さんが軌道修正を図ればよいのですが、それでは会を支えてきた強硬派の会員が納得しないのです。そこで新しい顔を立てることによって、世間のイメージを変えていきたいといった思惑があるようです」

むろん小手先のテクニックで在特会からヘイトスピーチがなくなるわけでもないし、これまでの蛮行が免罪されるわけでもない。

近頃は「(在日は)出ていけ」ではなく「本国にお帰りください」といったシュプレヒコールを耳にする機会が増えたが、つまりはその程度である。

ヘイトの本質は何も変わってはいない。

ヘイトスピーチ解消法と「ニッポンの覚悟」

国は差別に加担していることになる

２０１６年5月24日、「ヘイトスピーチ解消法」が衆院本会議で可決、成立した。

在日コリアン3世の崔江以子《チェ・カンイジャ》さん（42歳）は、その瞬間を衆院本会議場で見届けた。安堵《あんど》の表情が浮かぶ。国会の傍聴席では拍手することも声をあげることも禁止されている。だから、並んで座る1世のハルモニ（おばあさん）たちと、黙って手を握り合った。祈るような気持ちで国会の審議を見守ってきた。

崔さんらが暮らす川崎市の桜本地区は、関東でも有数の在日コリアン集住地域として知られる。そのために、これまで何度もヘイトデモの標的にされてきた。

「在日は出ていけ」「ウジ虫、ゴキブリ」「死ね」。そう叫びながら、日章旗を手にした集団は沿道を威嚇するように練り歩いた。

恐怖でからだが震えた。自分の存在が全否定されたような気持ちになった。何よりも、差別と憎悪を煽るヘイトスピーチを、子どもたちに聞かせたくなかった。

だから――生活圏に土足で踏み込むようなヘイトデモをなんとかしてほしいと行政に訴

え続けてきた。デモ隊に直接、「やめてほしい」と伝えたこともあったが指をさされて笑われた。

「いつか本当に殺されてしまうのではないか」

絶望を感じたこともあったという。

だが、崔さんらヘイト被害当事者たちの悲鳴にも似た訴えが、少しずつ政治の世界を動かしていく。

同年4月、対策法案を審議する参院法務委員会に参考人として呼ばれた。崔さんは「表に立ってヘイトスピーチの被害を語ると、反日朝鮮人と誹謗《ひぼう》中傷を受けます。でも、反日の立場で陳述をするのでは決してありません」と前置きしたうえで、次のように訴えた。

「差別の問題に中立や放置はあり得ません。差別を止めるか否かです。国は差別を止めていません。それは、本当に残念ながら差別に加担していることになります。差別撤廃に国と地方公共団体が責任を持つ法案をぜひ成立させてほしい」

その願いがかなった。政治が動いた。

「もちろん、これがゴールだとは思っていません。ただ、少なくとも国が差別をなくす側についてくれたことを心強く思っています」

ヘイト被害者の声が促した

成立した解消法は、不当な差別的言動が許されない、ということを宣言し、国や自治体に対し、相談態勢の整備や人権教育、啓蒙《けいもう》などの施策を求める内容だ。禁止規定はなく、罰則もない理念法であるために、実効性を疑う声も少なくない。また、保護の対象が「適法に居住する国外出身者とその子孫」としたために、アイヌ民族や、あるいは難民申請者などの非正規滞在外国人への差別が容認されてしまうかのような誤解も生じやすい。そうした指摘を受けて、与野党は「保護対象以外のものであれば差別的言動も許されるとの理解は誤りである」という付帯決議も可決したが、不安の声は消えない。

それでも、この10年近く、差別団体の活動と、その被害実態を見続けてきた私からすれば、「一歩前進」であることは確信できる。

在日コリアンなどの排斥を訴えるヘイトデモが社会問題化したのは2013年だった。それ以前からネットや路上で聞くに堪えないヘイトスピーチが飛び交ってはいたが、関心を寄せる者は決して多くはなかった。

「一時的な現象」「放置しておけば、いずれは消えてなくなる」「一部のバカが騒いでいるだけ」。同業者も、政治家の多くも、そして自治体も「一部のバカ騒ぎ」を冷笑するだけだった。

一つの風景がよみがえる。

14年8月、スイス・ジュネーブで開かれた国連の人種差別撤廃委員会。ヘイトスピーチの問題をめぐり、日本政府代表団は、各国委員から集中砲火を浴びせられた。

「日本は人種差別を容認しているのか」「なぜ法整備ができないのか」——。

これに対し政府代表団は「表現の自由」と「我が国には深刻な差別は存在しない」といった理由で、法整備への着手を拒んだ。まるで差別者集団を必死に守っているかのようにも見えた。

あれから2年経過して、差別の存在が認められるようになった。差別の存在さえ認められていなかった状況を振り返れば、劇的な変化だ。

それを促したのはヘイト被害者たちの声である。自民党の西田昌司《しょうじ》参院議員は「深刻な被害の実態を知ったことが大きい」と、法整備に急いだ理由を話した。

「表現の自由」を危惧する声もあるが、社会が守るべきは「差別の自由」では断じてない。差別者集団に罵声を叩きつけられ、言葉を奪われているのはマイノリティーの側だ。ヘイトスピーチという暴力によって沈黙を強いられている人たちの「自由」を取り戻すことは社会の責任でもある。

差別を放置するのか否か

問題はこれからだ。

「新法をよりどころとして、社会がヘイトスピーチとどうやって対峙《たいじ》していくか」

自らヘイトデモの現場に「カウンター」として立ち続けた民進党（現・立憲民主党）の有田芳生参院議員は行政や警察の対応が変わることに期待を寄せている。

一方、ヘイトデモの実行者たちが萎縮している様子はない。多くのヘイトデモを牽引《けんいん》してきた在特会のあるメンバーは「罰則がないのだから関係ない」と私にわざわざ電話をかけてきた。同会の桜井誠前会長はツイッターに「今までと変わらず不逞《ふてい》鮮人追放を訴える」と書き込んだ。

16年6月5日には、またもや川崎でのヘイトデモを予定している団体もあった。前出の崔さん、有田議員などは5月26日に川崎署を訪ね、新法の趣旨にのっとり、ヘイトデモ対策に乗り出すよう要請書を提出した。

「法ができて喜んでいる子どもたちをがっかりさせたくない。助けてください」

崔さんは涙ながらに同署幹部らへ訴えた。

さあ、次は私たちの番だ。法に魂を吹き込むのが社会の役割である。ヘイトスピーチは人の心を壊し、地域や社会をも壊していく。「愛国」とも「郷土愛」とも無縁の暴力だ。

法を生かすのか、殺すのか、差別を放置、容認するのか否か、その覚悟が問われている。

付記　ヘイトスピーチ解消法の施行から3年が経過した。法に対する理解も以前と較べて広まり、相応の効果は出ている。だが、理念法の限界も見えてきた。ネット上のヘイトスピーチはいまだ野放しの状態だ。動員数が減ったとはいえ、ヘイトデモや街宣も繰り返されている。

そうしたなか、いま進んでいるのは、ヘイトスピーチ禁止を盛り込んだ、地方自治体の条例づくりだ。崔さんの住む川崎市でも、違反者への刑事罰を定めたヘイトスピーチ根絶条例の制定に向けて議会が動いている。

虐殺の事実を否定するのか――関東大震災「朝鮮人犠牲者」追悼文取りやめをめぐって

人の手によって殺められた人々

2017年9月2日、東京・荒川河川敷にプンムルノリ（朝鮮半島で古くから伝わる農《のう》楽《がく》）の輪ができた。鉦《かね》が鳴る。チャンゴのリズムが響く。

関東大震災直後に虐殺された朝鮮人を追悼する儀式である。1923年、関東大震災後の混乱の中で、「朝鮮人が井戸に毒を入れた」「暴動を起こした」といったデマが流された。この場所でもデマを信じた人々の手により、多くの朝鮮人が犠牲となった。

人々が踊る姿を、在日コリアン2世の映画監督、呉充功《オ・チュンゴン》氏がじっと見つめていた。これまで、虐殺の真相を求めて取材を続けてきた。目撃者の証言も数多く、カメラに収めている。

「今年は犠牲者も安らかではいられないだろう」

独り言のように漏らす。

「二度、殺されたようなものだ」

虐殺によって。そして「それがなかったこと」にされて。いずれにしても憤死だ。朝鮮人は尊厳も、名誉も、命も一方的に奪われた。

この前日、都内墨田区「横網町《よこあみちょう》公園」で、朝鮮人犠牲者追悼式典が開かれた。市民団体が主催し、毎年行われているものだ。

2017年、この式典では例年実施されてきた都知事の追悼文が読み上げられることがなかった。小池百合子知事が追悼文送付を取りやめたからである。

式典1週間前の定例会見において、小池知事は初めて公式の場で「送付取りやめ」に言及した。

「関東大震災で亡くなったすべての方々に哀悼の意を表したい。今回、特別な形での追悼文を提出するということは控えさせていただいた」

朝鮮人犠牲者追悼式典と同じ日に行われる都主催の大法要にメッセージを寄せることで、「すべての方々」を追悼するというわけだ。

この物言いに、強烈な違和感を覚えたのは私だけではないだろう。

震災の被害者を追悼するのは当然だ。一方、虐殺の犠牲者は「震災の被害者」ではない。震災を生き延びたにもかかわらず、人の手によって殺《あや》められた人々だ。まるで事情が違う。「すべての方々」というのは、なんとも粗雑な括《くく》り方ではないか。

当然、記者からはこれを指摘する質問もあったが、小池知事は最後まで持論を崩すことはなかった。

虐殺事実を否定する歴史家はいない

「大きな災害があり、それに付随《ふずい》した形で、国籍を問わずお亡くなりになった」「いずれにしても不幸な死を遂げられた方を慰霊する気持ちに変わりはない」「付随」なる表現で、朝鮮人虐殺をまるで震災と抱き合わせであるかのように論じたのだ。たとえ震災の混乱下で起きたこととはいえ、朝鮮人虐殺は天災死に従属させてよいものではない。

「人災を天災のなかに閉じ込めようとしている」

そう話すのは法政大学社会学部准教授の愼蒼宇《シン・チャンウ》氏だ。

震災を経験した愼氏の親族（祖父の兄）は、そのときのことを『関東大震災における朝鮮人虐殺の真相と実態』という記録集で証言している。

それによると、愼氏の親族は震災直後、荒川堤防付近で武装した自警団に襲われ、竹やりや日本刀で斬りつけられた。

幸いにも命だけは助かったが、収容された警察の留置所で、訪ねてきた朝鮮総督府の役人から「このたびのことは天災だと思ってあきらめるように」と言われたという。

「まさに都知事の言葉と同じ、天災死と同じように扱うことで、結局、虐殺の事実を見えないようにしている」（愼氏）

実際、小池知事はその後に行われた会見も含めて一切、「殺された」事実に触れてもいなければ、それに通ずる言葉も用いていない。

同年9月1日の定例会見でも虐殺の有無に関する質問に対して「それぞれの受け止め方」「さまざまな見方があると捉えている」と話すだけで、それがまるで歴史認識の問題であるかのようにすり替えた。

被害者、加害者双方から成る多くの証言、記録から、朝鮮人虐殺があったことを動かすことはできない。政府の中央防災会議が2009年までにまとめた報告書には「虐殺という表現が妥当する例が多かった。対象は朝鮮人が最も多かったが、中国人、内地人（日本人）も被害にあった」と記されている。犠牲者数ははっきりしないものの、同会議は震災の全死者のうち「1～数％」、つまり千～数千人にあたると推定している。また、震災直後に調査した朝鮮人団体は、犠牲者の数を「約6千人」とした。

状況からして正確な人数を打ち出すことは不可能だが、虐殺の事実を否定する歴史家はいないだろう。だからこそ「三国人発言」のような差別認識を披露した石原愼太郎氏も含めて、歴代の都知事は、これまで朝鮮人犠牲者の追悼式典にメッセージを送り続けてきたのだ。

「在日の存在すら否定される」恐怖

今回の問題の発端となったのは、２０１７年３月２日の都議会定例会における自民党都議の質問だったといわれる。

この日、質問に立った古賀俊昭都議は追悼碑に刻まれている「六千余名に上る朝鮮人が尊い命を奪われた」との表現に触れ、これを根拠が薄いとした上で「日本人に対するヘイトスピーチ」「朝鮮人犠牲者へのわが国の謝罪と補償をいい募ってくる可能性がある」などと発言。「追悼の辞の発信を再考すべき」と迫った。

これに対し小池知事は「今後は、私自身がよく目を通した上で、適切に判断をいたします」と答弁している。

古賀都議に質問の真意を尋ねたが、「（一般質問）当日の内容によく目を通してほしい」と答えるのみ。

確かに古賀都議は「震災の混乱の中での不幸な事件により生じたのが、朝鮮人犠牲者」と冒頭で発言はしているが、「震災に乗じて凶悪犯罪が引き起こされた」「不法行為を働いた朝鮮独立運動家と、彼らに扇動されて追従したために殺害されたと思われる朝鮮人」といった言葉で、あたかも朝鮮人の側に殺される理由があったかのようにも語っている。

これに思うことがあったのか、あるいは他に何か大きな力が働いたのかは定かではないが、いずれにせよ、小池知事は「適切な判断」という形で、追悼文送付を取りやめた。

追悼式当日。横網町公園の一角に設けられた式典会場には例年の倍以上の約500人の参加者が足を運んだ。

案の定、参加者からは追悼文を送らなかった小池知事への批判が相次いだ。

「肩身が狭くなる一方」と漏らしたのは、都内に住む在日コリアン2世の中静子さん（73歳）だ。

「虐殺否定論に知事がお墨付きを与えたようにも思えた。歴史の見直しといった掛け声の中で、在日の存在すらも否定されていくのではないかという恐怖すら感じます」

主催者のひとり、日朝協会東京都連合会の赤石英夫事務局長によると、前年までは追悼の署名が200筆だったのが、今年は倍の400筆もあったという。

「虐殺をなかったことにするような小池知事の判断には憤りでいっぱいだが、同時にこの問題への関心も高まったようにも思う。おそらく右派からの攻撃は続くと思うが、歴史を直視する人々と一緒に今後も慰霊式を支えていきたい」（赤石事務局長）

一方、式典の会場からわずか30メートルばかり離れた場所では、この年初めて、朝鮮人虐殺の事実を疑う団体によって独自の慰霊祭も行われた。この団体は、これまで在日コリアン排斥運動を繰り返してきた在特会などとも〝共闘〟してきた過去を持ち、参列者の中にはハーケンクロイツの旗を掲げて外国人排斥デモに参加したメンバーも含まれる。この団体が主催する慰霊祭の入り口にはまるで朝鮮人犠牲者追悼式へのあてつけであるかのように「六千人虐殺は本当か！　日本人の名誉を守ろう！」と大書された看板が掲げられた。

追悼碑撤去を求める声も

同じ日に、同じ場所で、しかも同じ時間帯に、よくも都はこうした集会に許可を出したものだ。これは犠牲者に対する冒瀆《ぼうとく》ではないのか。そもそも参加者の多くが「朝鮮人は出ていけ」などと叫びながら路上を練り歩いたような人たちである。こうした集会を追悼式にぶつけるようなやり方を、なぜに都は認めたのか。

「申請時の使用目的が〝慰霊祭〟となっていたので支障がないと判断した」（建設局公園緑地部）とのことだが、2016年成立したヘイトスピーチ解消法に照らし合わせても、行政の対応には疑問が残る。

この慰霊祭の参加者の一人は、私の取材にこう答えた。「朝鮮人の側に不法行為や暴動があったことは当時の報道でも明らかだ」

日ごろは「メディアを信じるな」と主張する人たちも、こうしたときには無条件に「当時の報道」を受け入れる。デマ、流言飛語が当時の新聞にまで及んでいたことは、警察はもちろん、それこそ当の報道機関ですら認めているのだ。

追悼文の取りやめは、おそらく〝入り口〟にすぎない。都知事の〝決断〟を評価する人たちの間では、追悼碑撤去を求める声も出ている。狙いは虐殺の事実を歴史から消し去ることだ。都知事はこうした動きにも付き従うつもりだろうか。

生活保護バッシングが映し出すもの——真の問題は貧困

日本一の〝生活保護〟市

メディアを筆頭に、日本社会が「生活保護バッシング」に走ったのは2012年のことだ。お笑い芸人の親族による生活保護利用が発端だった。「不正受給」を糾弾するキャンペーンが始まり、いつしか生活保護制度が「不正まみれ」であるかのような論調も生まれる。同時に、外国籍住民の生活保護利用にストップをかけようとする動きも見られるようになった。

生活保護バッシングは、ヘイトスピーチと地続きの問題でもあった。

本稿は、バッシングが盛り上がっているさなか、2012年に書いたものを元にしている。

小高い丘を登り切ったところに、その墓はあった。墓誌はない。立型の墓石には「佐野家之墓」とだけ刻まれている。

周囲を囲むように植えられたヒマワリの花が真夏の日差しを受けながら、夕張山地から吹く穏やかな風に乗って揺れていた。

この墓には、最近になって佐野湖末枝《こずえ》さん（死亡当時42歳）と妹の恵さん（同40歳）の遺骨が納められた。

姉妹の父親は、この近くの町で炭鉱夫をしていた。だが長女の湖末枝さんが中学生の時に病死。その後、病弱だった母親も父親を追うように亡くなっている。

一家はようやく同じ場所で再会した。あまりに悲痛な再会ではあるけれど。


軽く手を合わせてから、墓石を背にして町を見下ろす。寂しい町だなあと思う。メインストリートに人影はなく、草木が風でザワザワと擦れる音以外に、耳へ響くものもない。

北海道歌志内《うたしない》市。札幌の北東約100キロに位置する山間の小さな町である。人口4300人。「日本一人口の少ない市」として知られる以外、これといった特徴はない。典型的な僻地《へきち》だ。いや、特徴らしきものを挙げれば、もう一つだけある。歌志内は北海道で「人口一人当たりの生活保護費がもっとも高い自治体」でもあるのだ。

なにか因縁めいたものを感じた。都市の片隅で生活保護の助けを得ることができずに死んだ姉妹は、遺骨となって日本一の〝生活保護〟市にたどり着いたのである。

途中に立ち寄った質素な建物の市役所では、保健福祉課の長野芳智主査が、節電のために照明を落とした薄暗い庁内で応対してくれた。

「結局、炭鉱を失ったことで、この町は衰退の一途をたどっているんですよ」

歌志内は1950年代までは炭鉱の町として栄えていた。ピーク時の48年の人口は4万6000人。それが炭鉱の閉山によって、現在は10分の1にまで激減している。しかも人口の4割が65歳以上の高齢者で占められるという。

生活保護世帯の割合が高いのは当然だ。現在、人口における受給率は4・3パーセント。

「産業らしいものは何もないし、企業誘致もうまくいかない。まあ、高齢化率も生活保護の受給率も高いってことは、ある意味、日本の未来を先取りした先進的な自治体かもしれませんけどね」

長野主査は自嘲ぎみに言うと、フフと小さく笑った。

姉妹はなぜ命を絶たれたか

栄枯盛衰は世の常だ。町も産業も、永遠に栄えることが保証されているわけではない。もちろん人間も。

だが、姉妹の死は、あまりにも早すぎた。

札幌市内のマンションの一室で2人の遺体が発見されたのは、2012年1月20日のことである。

湖末枝さんは自室のベッド脇で倒れていた。フリースの上にジャンパーを重ねるという、室内とは思えぬ厚着姿だった。

知的障害を持つ妹の恵さんは、別の寝室のベッドの上で、毛布をかけて横たわっていた。解剖の結果、湖末枝さんは前年12月中旬ごろに脳内血腫で病死と判明。恵さんは1月初旬に凍死したとみられる。誰にも看取られることのない孤独死だった。

なお、料金滞納によってガスと電気は止められ、冷蔵庫の中も空っぽだったという。真冬の北海道では、エアコンやストーブで暖を取らなければ室温は氷点下となる。飢えと寒さが姉妹の命を奪ったといえよう。

湖末枝さんは失業中だった。09年までブティックで販売の仕事に就いていたが、体調不良で退職して以来、妹の世話をしながら連日、求職活動に走り回っていた。その間は妹の障害年金（2カ月で13万3000円）と、短期のアルバイト収入のみで生活していた。

だが自身の体調不良や雇用環境の悪化もあり、求職活動はうまくいかない。そうした事情もあって、湖末枝さんは亡くなるまでの間に、3度地元白石区の生活保護課を訪ねている。

最初の相談は2010年6月1日。その日の面接受付票（相談内容を記録した書面）には、担当者によって次のように書き込まれている。

〈保護の要件である懸命なる求職活動を伝えた。仕事も決まっておらず、手持ち金も僅かとのことで……〉

担当者は十分に窮状を理解していたと思われるが、〈本人が申請の意思を示さなかった〉として、生活保護の申請書を渡さなかった。

2度目の相談は2011年4月1日である。面接受付票には〈手持ち金が少なく、食料も少ないため、相談に来たとのこと〉と記されている。この日、担当者は非常用パン缶詰を湖末枝さんに支給。すでに食料に事欠いた状況であることがうかがえる。だが担当者は〈食料確保により生活可能であるとして、生活保護相談に至らず〉とした。

そして3度目。最後の相談は11年6月30日。

面接受付票には〈求職活動をしているが決まらず、手持ち金も少なくなり、生活していけないと相談に来たものである〉と書かれている。これを見ても、湖末枝さんが「生活できない」と意思表示したことは明らかだろう。さらに〈生命保険に加入していたが、保険料を払えず失効。負債は家賃、公共料金の滞納分〉と、相当に生活が追い込まれていることを把握している。

だが、なぜか担当者は〈保護の要件である懸命な求職活動を伝えた〉として、またしても申請書を渡すことはなかった。

このわずかなやり取りを追うだけでも、湖末枝さんたちの切迫した状況が伝わってくる。湖末枝さんは毎回、「手持ち金」がないことを訴え、しかも2度目の面接では非常食の支給までされているのだ。

しかしいずれの場合も担当者は〈保護の要件である懸命な求職活動〉を伝えるだけで湖末枝さんを帰している。

浮かび上がってくるのは、〈懸命な求職活動〉を促すことで、極力、生活保護申請に至らせまいとする行政の〝意思〟である。

届かなかったSOS

間違いなく湖末枝さんたちの生活は逼迫《ひっぱく》していた。だからこそ3回も相談に出向いているのだ。その状況を把握しながら、行政はなぜに生活保護申請へと導かなかったのか。

白石区保健福祉部保護一課の佐々木博一課長は私の取材に対し、「佐野さんが亡くなったことに関しては本当に心を痛めている」としたうえで次のように答えた。

「ご本人が申請の意思を示さなかったんです。もちろん、こちらからもっと踏み込んで申請を促せばよかったかとも思っていますが、やはりご本人の意思が明確でなければ、通常はなかなかそれ以上のことはできません。もちろん、最初から申請させずに帰そうとしたなんてことはありません」

これはどう考えてもおかしい。生活保護は困窮した国民の権利であり、そして国〈行政〉の義務である。障害を持った妹を抱え、その年金だけで生活し、家賃や公共料金を滞納し、食事にも困る状況が判明した段階で、黙っていても救済の策を講じるのが行政の仕事ではないのか。

実は、同区では25年前にも母子家庭の母親が3人の子どもを残して餓死するといった事件が起きている。パート労働のかけもちで体調を崩した母親は同区役所を訪ねて生活保護の相談をしたが、このときもやはり「まだ若いから働ける」と担当者からアドバイスを受けただけで、申請することができなかったのだ。

白石区は精神病院や福祉施設が集中し、また低家賃のアパートなども多いため、市内他区と比較すると昔から生活保護受給率の高い地域でもある。そうしたことから民間の福祉関係者などからは「それだけに同区は受給率を下げたいとの思惑が働いている」と指摘されることもある。

ところで今回の件で私がもっとも悲しい気持ちになったのは、湖末枝さんが担当者の〈懸命な求職活動〉のアドバイスに従い、体の不調を感じながらも律儀にそれを実行していたことだ。

私の手元には、湖末枝さんが使用していた2011年度版の手帳がある。花柄の表紙をめくれば、ダイアリーは細かな文字の書き込みでびっしりと埋められている。そのほとんどが派遣会社の登録会、説明会、そして面接日程だった。

彼女は必死だったのだ。

妹の世話をしながら、自身の体調と闘いながら、まさに「懸命」な求職活動を続けることで、少しずつ寿命を縮めていった。そして力尽きた。

「そういう子なんですよ。生真面目に過ぎるというか……」

そう話すのは、滝川市内に住む姉妹の叔母にあたる女性だ。

「とにかく妹思いでね。いつか結婚するときは妹も一緒に連れて行く、なんてことを話していましたよ」

姉妹が生活苦に置かれていたことはまったく知らなかったという。

「それどころか1年くらい、まったく連絡がなかった。私としてはそれに腹が立っていたんです。でも、後に湖末枝の友人に話を聞くと、『生活のことを知られたら叔母さんに迷惑がかかる』って話していたらしいんです。なんかねぇ、余計に悔しいじゃないの」

女性は目頭を押さえながら「どうして、こんなことに、ねぇ」と何度も繰り返した。

どうして、こんなことに――大きな要因のひとつは、生活保護制度がセーフティネットとして機能していなかった点にある。機能していれば、少なくとも彼女たちが部屋の中で餓死、凍死することはなかったはずだ。

同様の事例はここ数年の間に何度も話題となっている。

２００６年には北九州市で障害をもった男性が餓死した。この男性は死の直前、2度にわたって生活保護の申請に出向いているが、いずれも「息子に面倒を見てもらったほうがいい」「親族がいるだろう」と申請を阻まれていた。

翌07年にはやはり北九州市で〈おにぎり食べたい〉と日記に記した男性が餓死している。この男性はもともと生活保護受給者であったが、福祉事務所によって、「生活保護辞退」の手続きを取らされたばかりだった。

また、12年に入ってから新聞報道されただけでも13件の餓死・孤立死が明らかとなっている。

貧困問題が深刻化するなか、いまこそ生活保護の機能が強化されてもよいはずだった。これは命に関わる問題なのだ。

札幌の姉妹が亡くなった部屋には、湖末枝さんの携帯電話が残されていた。最後の発信は12月20日。押された番号は「111」である。

湖末枝さんが亡くなった後、妹の恵さんは「110番」か「119番」への電話を試みたと思われる。だが知的障害を持つ恵さんは、あるいは飢えと寒さも手伝って、正確な番号を押すことができなかったのではないか。

姉も妹も、それぞれSOSを発信していた。だが、それが届くことはなかった。いや、受け止める者がいなかった。制度が正しく機能していなかった。生活保護はこれらの事件から大きな教訓を得なければいけなかった。

しかし——現在は、逆のベクトルによって、生活保護はますます混迷を深めている。

不正受給を疑う「密告電話」

電話が鳴る。受話器を取ると怒気を含んだ男の声が耳に響いた。

「あんたら、人様の税金を無駄遣いしてるんだろう」

ああ、またか。担当者はそう思いながらも努めて冷静に、そして穏やかに答える。

「どういうことでしょうか?」

男はさらに声を張り上げた。

「怠け者なんかに金を出すなってことだよ!」

電話はそこで切れた。

東京都内の福祉事務所――。生活保護業務を受け持つケースワーカーが溜め息交じりに話す。

「あれ以来、この手の電話が急激に増えたんです」

人々の怒りの熱源は、いわゆる「河本騒動」にある。

人気お笑い芸人の母親が生活保護を受給していると女性週刊誌がスッパ抜いたのは、12年春のこと。後にその芸人が「次長課長」の河本準一であることが明かされ、世間は騒然となった。

十分な年収があるにもかかわらず、母親に生活保護を受給させるとはなにごとか。不正受給じゃないか。そんな非難の声が相次いだ。

これに押されるような形でメディアは連日、執拗に河本批判を展開し、ついには謝罪会見に追い込んだ。それだけでは足りないと考えたのか、ワイドショーは「不正受給」の特集を組み、生活保護のネガティブな情報ばかりが流布された。いつしか、まるで生活保護を受給することじたいが「不正」ででもあるかのような空気が醸成されていく。

矛先は生活保護行政にも向けられた。

いまなお、全国各地の福祉事務所には、前述のような批判、非難の電話が数多く寄せられているという。

「一連の報道によって、まるで生活保護が〝ラクして儲ける〟ための制度だと誤解されてしまったようなんです。つまりカネをバラまく役所がけしからん、というわけです。正直者がバカを見ることのないよう頑張ってくれ、といった〝激励〟の声も少なくありませんが」（前述のケースワーカー）

多くの場合、矢面《やおもて》に立つのはケースワーカーだが、ときに役所の電話交換を担当する女性職員がいきなり罵声を浴びせられることもあるという。

「河本騒動」は日本を覆う公務員バッシングの〝気分〟にも加勢され、「不正許すまじ」という人々の懲罰感情を大いに刺激したのだった。

「制度批判だけではないですよ」

そう漏らすのは都内の別の福祉事務所で働くケースワーカーである。

「受給者の不正を疑うような〝密告電話〟も増えたんです」

彼自身がこの数カ月に受けた「密告」の中身は、たとえば次のようなものである。
・受給者の息子が公務員だという噂がある
・生活保護を受けている母子家庭の母親に〝愛人〟がいるようだ。夜になると男がアパートに出入りしている

・受給者の親族に上場企業の社員がいるらしい

「以前から、受給者が酒を飲んでいたとか、パチンコをしていたとか、旅行に出かけた、車を運転していたといった通報はありましたが、やはり河本騒動の影響なのでしょうね。受給者の親族などを〝疑う〟声が圧倒的に多くなりましたね」

忌わしい〝水際作戦〟

魔女狩りの風が吹く。

自治体が自ら「密告」を奨励するような動きすらある。

大阪府寝屋川《ねやがわ》市では「生活保護適正化ホットライン」なる特設電話を設置。「不正受給は許しません！」と題されたチラシを市民に配布し、不正受給の情報提供を呼び掛けている。チラシには「このような疑いのある事例は、すぐにご相談ください」としたうえで、いくつかの「事例」が吹き出しで記されている。

「市には内緒で仕事しているらしいけど……」

「財産を隠して生活保護を受けているらしいよ……」

「暴力団員なのに生活保護を受給しているんじゃないかな……」

ちなみに特設電話の番号末尾４ケタは「２０７４」（フセイワナシ）である。

密告奨励だけではない。いまや「不正防止」を名目に、警察官ＯＢを福祉事務所に配置する自治体も増えてきた。

２０１２年4月から警察官ＯＢを含めた「適正化チーム」を発足させたのが大阪市。生活保護費削減を熱く訴える当時の橋下徹市長の肝いりである。

同市のケースワーカーが言う。

「保護課の職員1名、市職員ＯＢ2名、そして警察官ＯＢ1名による4人編成で1チームがつくられ、市内全区に配属されました。不正受給に関する市民からの情報が寄せられると、警察官ＯＢのアドバイスを受けながら、尾行、張り込みといった〝身辺捜査〟もおこないます。実際、母子家庭の家の前で張り込み、別れたはずのダンナが毎晩帰宅していることなどを摑むといった〝成果〟も上げています」

受給者をこれ以上に増やさないようにすべく、「河本騒動」を引き合いに出してまで、生活保護申請を拒む自治体もある。

舞鶴市役所（京都府）の生活保護窓口を市内に住む女性（33歳）が訪ねたのは12年5月28日のことである。女性は5～11歳の子ども3人と暮らすシングルマザー。その当時、さらに子どもを妊娠中だったが、相手の男性とは連絡が取れない状況だった。2月に失業し家賃や光熱費を滞納し、冷蔵庫も洗濯機もない生活を送っていた。

こうした窮状を窓口で訴えたが、職員は「社会福祉協議会の貸付を利用すればよい」とだけアドバイス。生活保護の申請書を渡さなかった。女性はこの日、アドバイスどおり社協へ出向き、2万円の貸付を受けた。

6月11日、再度市役所へ足を運ぶ。貸付金が底をつき、所持金が600円になってしまったからだ。ところが担当職員はここでも「なんとかならないのか」と生保申請を拒んだ。途方に暮れた女性は貧困問題などを扱う市民団体「京都POSSE」に連絡する。同団体の指示に従い、翌12日、今度はICレコーダーをバッグの中に入れて、窓口に向かった。レコーダーには次のようなやり取りが残されている。

職員　生保の件、よう知ってると思うけど、ただたんにOKというわけにはいかないんですよ。

女性　わかってます。

職員　不正受給ということになれば詐欺で捕まるんです。

女性　知っています。

職員　いま、「次長課長」いうて、テレビでやっとりますな。市民の目も厳しくて。

女性　はい。

職員　いまの状態では躊躇《ちゅうちょ》しとるという状態です。申請書をくださいというのであれば、これ以上の話はありません。

これを聞く限り、職員は「河本騒動」を持ち出す形で明確に申請を拒否している。これは生活保護行政にとって、あってはならないことなのだ。受給資格があるかどうかは問わず、申請の権利は誰にでも保障されている。申請じたいを〝上陸寸前〟ではねつけ、受給者の数を増やさないようにする——役所用語でいうところの「水際《みずぎわ》作戦」が発動されたとみるべきであろう。

あの市民団体も登場

同日中にこのやり取りを聞いた「京都POSSE」のメンバーは、女性と一緒に同市へ抗議。申請書を渡すように要求した。しかし市役所の態度は頑《かたく》なで「（申請は）受け付けない。お断りする」の一点張り。しかたなく自作の申請書（申請書に決められたフォーマットはない）を窓口に出したが、「忘れ物ですよ」と職員がその紙を持って追いかけてくる始末だった。

その後、同団体は京都府に一連のやり取りを報告し、善処するよう訴えた。さすがにこれはマズいとなったのか、府は舞鶴市に対して保護業務の改善指令を出し、ようやく女性の申請も受理されるに至った。

この女性に同行した同団体の川久保尭弘代表はいまでも憤りを隠さない。

「女性はすでに所持金が600円しかなかった。子どももいるわけですし、本来ならば緊急保護の案件ですよ。しかし河本騒動まで〝利用〟して、舞鶴市は水際で阻止しようとした。人間の命をなんと思っているのか」

ちなみに京都府においては2012年3月、宇治市役所職員が、生活保護を申請した母子世帯の女性に対して、異性と生活することを禁止したり、妊娠・出産した場合は生活保護に頼らないことを誓わせたりする旨《むね》の誓約書に署名させていた事実も発覚している。

「おそらく我々の知らないところで多くの申請拒否が起きているに違いない」（川久保代表）

こうした行政の対応を引き出しているのは、いうまでもなく、先に記したような「世間の声」であろう。私の周囲でも「生保が簡単に受給できるようなシステムはおかしい」「不正をきちんと取り締まれ」「税金が無駄遣いされている」といった声は少なくない。

エキセントリックとしか形容しようのない反応を見せる人たちもいる。在特会をはじめとするネット右翼だ。

12年6月3日、吉本興業東京本社（新宿区）の前において、在特会などによる「生活保護不正受給を許さない・吉本興業糾弾街宣」がおこなわれた。「国民最後のセーフティネットを護るために不正の温床である吉本興業を許さない」といったスローガンのもと、集まったのは若年層の男女を中心とする数十人。

参加者はそれぞれ日章旗を掲げながら「売国奴！」「河本出てこい！」「吉本芸人を養うナマポ（生保を言い換えたネット用語）はねえぞ」「恥を知れ！」などと社屋に向かって絶叫。抗議文を同社に手渡した。

参加者はさらに吉本の劇場がある新宿駅南口へ移動し、ここでもやはり「吉本をぶっ潰せ」「叩き出せ」などとシュプレヒコールを繰り返した。この際、たまたま通りかかった老人が「うるさい」と抗議すると、参加者はその老人にわっと詰め寄り、引き倒した挙句に殴る蹴るの集団暴行をおこなうといった一幕もあった。

この件に関して、在特会若手メンバーの一人は、私に次のように話している。

「国民の税金が無駄に使われていることに腹が立つんです。しかも河本は在日（コリアン）だという噂もありますからね。ますます許せないんですよ」

彼の意識の中には、多額の税金を納めているであろう〝納税者としての河本〟といった視点は存在しない。とにかく「税金が無駄に使われた」という思いが、排他的な気分も相まって、自制の効かない怒りを沸騰《ふっとう》させているのだ。

おそらくは〝河本叩き〟に加わる多くの人々が共有するのも、こうした感情ではなかろうか。

こうした生活保護バッシングの波に押される形で政治も動いた。当時の小宮山洋子厚生労働相は法改正を伴う制度の見直しが必要だと表明、厚生労働省は不正受給に対する厳罰化、親族の扶養義務強化などの方針を矢継ぎ早に打ち出した。8月17日に政府が閣議決定した来年度予算の概算要求基準でも、生活保護費の見直し、圧縮の方針が盛り込まれた。

生活保護を見直せ――「河本騒動」を端緒に湧き上がった怨嗟の声に、政府は珍しく迅速に対応したのだ。数万人規模の反原発デモが何度繰り返されようとも「大きな音だね」としか反応しなかった、あの野田内閣が、である。

「ジャンヌ」片山の主張

騒動は、思わぬ「時の人」をも産み落とした。ネット上で「ジャンヌ・ダルク」とまで賞賛されるようになったのが、自民党の片山さつき参院議員である。

当初は匿名で報道されていた「お笑い芸人」が河本であることをツイッターで明かし、「怠け者がトクするような社会を見直せ」と、「生保改革」の旗を振り続けているのが彼女だ。いまや「ナマポ追及の急先鋒」としてメディアに引っ張りだこである。

2012年7月30日。新宿区内で、この片山議員を囲むトークイベント「片山さつきと語り合う！『生活保護問題』」が開催された。参加者は〝片山ファン〟を中心に約50人。比較的小規模なイベントではあるが、それだけに片山議員の本音を聞き出すチャンスでもある。私は編集者とともに出席し、会場の最前列に陣取った。

なお、当初このイベントは「生活保護・あなたの隣にもいる〝河本〟⁉」なるタイトルが付けられていた。生活保護そのものを否定的イメージで捉えるかのようなタイトルに、私は強い違和感を覚えた。不正の象徴のようにつかわれる「河本」が、あまりにも哀れに感じた。いや、河本は不正をしたわけでもないのだから理不尽に過ぎる。

そうした考えを抱いた人は、私以外にも少なくなかったのであろう。主催者である企画会社の担当者は、イベントの冒頭で「多くの批判が寄せられたのでタイトルを変更した」と参加者に告げた。それを「だから何なの？」とでも言いたげな憮然《ぶぜん》とした表情で聞いていた片山議員の姿が印象に残っている。

彼女はこの日も饒舌《じょうぜつ》だった。生活保護見直しを滔々《とうとう》と訴える。

「私は生活保護の不公平感を正したいわけです。正直者がバカを見る、悪いヤツほどよく眠るような世の中であってはいけない。そんな大勢の方からの声が私のもとには届いています。一部には私が河本さんの個人批判をすることで制度改正に利用しているといった声もあるようですが、それは違う。税と社会保障の一体改革を進めていくうえで、この問題を捨て置くわけにはいきません」

会場からは賛同意見が相次いだ。

「（生活保護を）ズルしてもらっている人はたくさんいるはず。そのことを批判するきっかけを片山先生がつくってくれた。感謝しています」（女性会社員）

「先生の主張に大賛成。簡単に生活保護がもらえてしまう仕組みがおかしい。だいたい河本だって在日なんでしょう？　制度の歪みを感じる」（男性会社員）

彼女のファンの集いを思わせる〝場の雰囲気〟を壊してしまうようで、やや躊躇を感じないでもなかったが、私は片山議員を真正面に見る席から質問した。

――片山さんの〝河本攻撃〟が、結果的に生活保護叩き、受給者バッシングにつながっているような気がする。たとえば大津のイジメ事件の加害者の家族がネットで勤務先や実名をさらされたりするような動きと、私の中ではシンクロするのです。その点、片山さんはどう思いますか？

片山議員はなにひとつ表情を変えることなく、次のように答えた。

「加害者よりも被害者の権利が貶められてきたこの国において、一罰百戒は歓迎すべきこと。生保の不正受給にしても、これまで色々と問題があったにもかかわらず、取り上げようとすると反貧困ネットワークのようなところによって潰されてきたんです」

なによりも生保制度の改革こそが急務なのだと強調する。その重要性に比べれば、生保バッシングなど取るに足らないということなのだろう。一点突破・全面展開の、まさに体制側のジャンヌ・ダルクのような勢いを私は彼女に感じた。

「生活保護は恥」という思想

続いて編集者が「片山さんがある種の理念を持っていることは理解できる」としたうえで次のように質問した。

――片山さんの話を聞いていると、生活保護を受けることが、「いけないこと」のようにも感じてしまうのですが……。

これにも片山議員は、自信たっぷりに応じた。

「生活保護というのは日本の文化からすれば恥です。人様の税金で生活しようとするのですからね。それがいいことなんだと、権利を謳歌《おうか》しようなどと国民が思ったら、国は成り立たなくなる」

生活保護が恥――その言葉に思わず「はあ……」と溜め息を漏らした私は、会場でも圧倒的に少数派であったはずだ。片山議員が「国は成り立たなくなる」と言い終えた瞬間、待ってましたとばかりに会場からは一斉に力強い拍手が湧いた。

おそらく、これが生活保護をめぐる世の中の〝空気〟なのだと思う。頭の良い彼女はそのことを十分に理解しながら言葉を発しているはずだ。

実は、私が片山議員と向き合って話したのは、このときで2度目である。その1カ月前にも、私は同議員と『週刊朝日』（12年7月20日号）の企画で、やはり生活保護を題材に対談を行っている。

その際には「恥」といった言葉こそ出なかったものの、生活保護に対する彼女の物言いがあまりにもステロタイプであることに私は脱力した。

「（河本問題は）日本のモラルはここまでダメになったのかという衝撃ですよ」

「大阪の西成《にしなり》で、65人の居住者のうち64人が受給者だというマンションを見てきましたが、一部屋が4畳半とか6畳一間とかだよ。私が1982年に大蔵省に入省したときの寮なんて、それより狭かった」

「本当に生活が困窮して三食食べられない人がどれほどいると思う？　ホームレスが糖尿病になる国ですよ」

「ホームレスの血糖値を測ったら高かった、というのは有名な話でしょ」

「生活保護もらって毎日、ゲートボールしている人はいるんですよ」

また、記事には掲載されていないが、彼女は対談の中で「アクセサリーを身につけて生活保護の申請にくる女性もいる」

「スマホを持つ受給者もいる。私なんかまだ旧型の携帯電話なのに」と眉をひそめた。

実にわかりやすい。自らがキャリア官僚出身の国会議員であるという恵まれた立場をまったく考慮しない、あまりに無思慮な発言である。これらの言葉から、片山議員が思い浮かべる「生活保護」のイメージが伝わってくる。

ラクして儲ける日本の恥。まさに、それだ。

ご本人はそれで庶民の気持ちを代弁しているのだと思っているに違いない。

そして――何度でも記す。日本の「気分」は、大筋においてそこに同調している。

「ナマポのくせに」

こうしたなか、困惑の表情を隠すことができないでいるのは当の受給者である。

「あなたはナマポでラクできるからいいね、と友人に言われたんです」

そう話すのは都内在住の40代女性。シングルマザーである。うつ病も抱えて就労困難なため、昨年から生活保護を受給している。

「それまで就労できない私を励ましてくれていた友人も、一連の騒動以降、嫌味を言ってくるようになったことが辛い。月に一度、子どもと回転ずしに出かけるときも、どこかおどおどしてしまうんです。ナマポのくせに寿司など食べていいのかと言われそうで」

やはり精神的な疾患を抱え、生活保護を受給している大阪市内のシングルマザーも、周囲の厳しい視線に耐えられないとこぼす。

「友人と喫茶店に入った際、タバコを吸ったんです。すると友人が『生活保護のくせにタバコなんて吸うんだ』と呆れたように話すんです。ものすごく肩身の狭い思いをしました。私、タバコは1日に5本と決めているのに。もうお酒も飲みに行くことはできないんだろうなあと思いました」

そうした周囲からの無遠慮な批判にさらされているうちに彼女は生きていくことすら嫌になり、市販の睡眠薬を大量に飲み込むなどの自殺未遂までしている。

彼女はネットを見るのも嫌になったという。

「(受給者は)甘えているだけ」「クズ」「怠け者」。そんな文言がネット掲示板にはあふれている。

2012年8月3日、生活保護の申請、受給の相談に乗っている市民団体「全大阪生活と健康を守る会連合会」(大生連)と大阪府との間で、保護行政のありかたをめぐる集団交渉が行われた。会場となった府庁2階の会議室には大生連スタッフをはじめ、100人を超える生活保護受給者も集まった。

会場からは「肩身の狭さ」を訴える声が相次いだ。

「生活保護バッシングの報道を見るたび、身を切られる思いがする」

「不正しているのではないかという周囲の視線が怖い」

「近所に配慮してエアコンさえつけることができない」

大生連の大口耕吉郎事務局長は顔を歪めながら話す。

「いったいなぜ、受給者がここまで追い込まれないといけないのか。世間の冷たい視線によって、いま、多くの受給者はますます孤立を深めていますよ」

不正許すまじの大合唱は止まらない。

それにしても、生活保護は「不正受給」によって本当に危機的状況にあるのか。

受給者急増の背景

生活保護の受給者数が増え続けているのは事実だ。厚生労働省のまとめによると、全国で生活保護を受けている人は2011年度、月平均206万人を突破した。生活保護費の総額は約3兆3000億円にものぼる。統計が開始された1951年度以来、過去最高の数字だ。

ちなみに同年度の受給者数は約２０４万人と記録されている。受給者数だけを見れば、戦後混乱期を上回るものだ。ちなみにもっとも受給者数が少なかったのは１９９５年度。受給者数は88万人である。

その後、バブル崩壊の影響などを受けて上昇に転じ、特に09年度以降における伸びが著しい。同年度の受給者数は前年度比10パーセント増の約１７６万人。以降、現在までの間に30万人ほどの増加を見せている。これはリーマンショックの影響でリストラ、派遣切りが相次ぎ、失業者が急増したことが背景にある。

「09年、厚生労働省から『職や住まいを失った方々への支援の徹底について』と題された通達があったんです。これが流れを変えました」

受給者急増の流れを解説するのは、前出・都内で勤務するケースワーカーだ。

「もともと生保受給者の多くは高齢者、障害者、そして母子世帯で占められていました。ところがリーマンショックによって、職と住居の両方を一度に失ってしまう人が増えたことで、多くの若年層を含む生活困窮者が生まれてしまったのです」

首切りに遭った派遣労働者の多くは、派遣会社が用意したワンルームマンションなどの寮で生活していた。つまり、派遣切りとは住居を失うことをも意味していたのである。

「これによってホームレスなどが爆発的に増えてしまえば深刻な社会問題になりかねない。そこで厚労省は〝職や住まいを失った方々への支援〟、つまり、そうした方々への生活保護適用を認めるよう、通達を出したわけです」（都内勤務のケースワーカー）

それまで、いわゆる「稼動世帯」（働ける能力のある世帯）が生活保護を受給するのは非常に厳しかった。「まだ若いのだから」と申請すら受け付けてもらえないケース、あるいは住居がなければ受け付けてもらえないといった事例も多かった。

生活保護法では、たとえ住居がなくとも申請用件を満たせば生活保護の受給は認められる。だが、それまで多くの自治体では「ホームレスは受給できない」「まずは家を確保してから申請に来るように」といった対応をしていたのである。厚労省の通達は、法に則った対応を厳格に求めるものでもあった。

この措置によって派遣切りなどに遭った「稼動世帯」（行政用語では、障害、高齢、母子以外の世帯という意味で、「その他世帯」と呼ばれている）の受給者が増えたのだ。

この現象が「怠け者が生保を受給している」といった見方に結び付いている。

データが語る真実

受給者の急増、なかでも稼働世帯による受給増、そして国家予算への圧迫。少なくともこれだけで判断すれば、「大問題」という認識を否定するわけにはいかない。

だが、これを果たして「日本文化の恥」であるなどと片づけてよいものなのか――。

「もう、誤解だらけですよね。生保バッシングには何か意図的なものを感じるんですよ」

うんざりした表情で話すのは、生活保護に詳しい小久保哲郎弁護士（大阪市）だ。生活保護問題対策全国会議の事務局長を務めている。日ごろから受給者の相談に乗っていることから、昨今は世間からの風当たりも強い。なぜ怠け者を助けるのか、といった事務所への〝苦情電話〟も少なくないという。

「自分はこんなにも生活が苦しいのに、一方ではラクして儲けているヤツがいる。お前はそんな人間の味方なのか。まあ、そんな批判の声が多いわけです。よくよく話を聞いてみれば、その人も十分に生活保護を受給できる生活レベルにあったりするわけです。そんな場合は『あなたも受給しませんか』と勧めてみるのですが、たいていは『バカにするな』『そこまで落ちぶれてたまるか』と電話を切られてしまいますね。生活保護への偏見がよくわかりますよ」

その小久保弁護士が指摘する生活保護への「誤解」とは、次のようなものだった。

まず、生保制度はじまって以来の最高受給者数について。

「単純に人数だけで比較すればそうかもしれません。ですが正確には人口を母数にした受給率でみれば、必ずしも過去最高とは言えないわけです」

たとえば制度が開設された1951年度。前述したようにこの年度の受給者は約204万人である。なお、当時の人口は約8457万人。人口における生保の利用率は約2・4パーセントだ。

対して2011年の人口は約1億2700万人。受給者数（約206万人）は51年度を上回っているが、利用率は1・6パーセントとなる。

「過去最高だと騒いでいますが、冷静に判断すれば利用率はそれほど高くない。全国民の1・6パーセントという数字が、それほど危機的なものでしょうか。これはヨーロッパ諸国などと比較すれば相当に低い数値です」

ちなみにドイツの利用率は9・7パーセント、フランスは5・7パーセント、イギリスは9・3パーセントである。

さらに生活保護を受給できる資格を持った人々のうち、実際にどれほどの人が受給しているかを示す「捕捉率《ほそくりつ》」に関しても、日本は相当の低水準だという。

2007年、厚生労働省は「生活扶助基準に関する検討会」を開き、本来、生活保護を受けるべき水準にある家庭が人口比の6~7パーセントに及ぶことを示した。これはリーマンショック以前の数字であるから、現在はさらに上昇していることであろう。仮に、生活保護を受けるべき水準にある人々を人口比の6〜7パーセント≒1000万人とすれば、捕捉率は2割程度である。

この1000万人は決して大袈裟な数字ではない。国税庁の「民間給与実態統計調査」（平成21年）を見ても、年収200万円以下の就労者は約1100万人にも上っている。

一方、日弁連の調べによれば、ドイツの捕捉率は64・6パーセント、フランスは91・6パーセント、イギリスも50パーセントを超える。

「日本の捕捉率の低さは異常です。つまり多くの〝受給漏れ〟があるということなんですね。日本人特有の生活保護を受けるのは恥ずかしいというスティグマ（社会的恥辱感）の問題もありますが、それ以上に、制度そのものが〝狭き門〟であることを示した数字だと思います」

真の問題は「貧困」

社会保障費全体における生活保護の割合も、実はそれほど高くない。現在、生活保護に費やされる年間の金額は約3兆3000億円。これは社会保障費全体の約3パーセントに過ぎない。

「GDPにおける生活保護費の割合に至っては0・5パーセント程度です。OECD加盟国平均の7分の1にすぎません。これをもって『生活保護費が財政を圧迫している』と断言してもよいのでしょうか」(小久保弁護士)

たとえば、生活保護費のGDP比でいえば、自己責任の概念が進んでいるとされる米国(0・8パーセント)よりも低い。日本はそもそも社会保障分野において、先進国のなかでは突出した低水準にあるのだ。

その一方で相対的貧困率(貧困線に満たない世帯の割合)だけは高水準だ。09年度の日本の貧困率は16パーセント(厚生労働省調べ)で、先進諸国36カ国中、6番目に高い。しかも貧困率は年々、上昇の一途をたどっている。生活困窮者は増える一方なのだ。

「つまり問題とすべきは生活保護と言うよりも、〝貧困〟ではないでしょうか。そもそもセーフティネットが貧弱な日本では、生活保護にかかるウエイトが高くなるのは当然なんです。貧困問題を解決しない限り、生活保護受給者の急増を止められるはずがありません」(同)

世間の「誤解」はそれだけではない。

生活保護受給者の「主体」は、けっして「怠け者の若者」ではない。確かに稼働世帯(その他世帯)の受給率は増えた。それでも受給者全体の2割にも満たないのだ。全体の半数を占めているのは60代以上の高齢者世帯であり、さらに全体の3割を障害・疾病者、そして1割近くが母子世帯によって占められている。

大阪市内のケースワーカーが打ち明ける。

「しかも、統計上〝その他世帯〟に属するような人であっても、実際は軽い精神疾患にかかっているような人が少なくないんです。雇用環境が悪化するなかにあって困難な求職活動に疲弊し、精神を病んでいく人は多い。見るからに元気で快活で、十分に働くことのできる能力がありながら、それでも生活保護を受けているなんて人は、世間が思うほど多くありません。というか、そのような人は極めて例外ではないかと思いますよ」

こうした実態から見えてくるのは、高齢化社会の進行と、ワーキングプアの増加である。生活保護受給者の数を押し上げているのは、これらの要素が主要因といってもよいだろう。

なかでもワーキングプアの増加は深刻だ。

政府は1996年以降、段階的に労働者派遣法を改正し、06年には製造業においても派遣労働を解禁したことで、あらゆる分野での派遣労働が可能となった。この動きに合わせて非正規労働者は急増する。いまや非正規労働者の数は就業人口の4割近くにまで迫った。これほどまでに非正規人口の多い先進国は他に存在しない。

しかもヨーロッパ諸国のように「同一価値労働・同一賃金」の原則が法的に整備されているわけでもないのだ。正社員と非正規労働者の格差は大きい。日本は雇用の規制緩和によって、90年代半ば以降、ワーキングプアを量産してきたといえる。そして、その動きはそのまま、生活保護受給者の増加につながっている。

貧困は、政治の責任なのである。

生活保護バッシングに走る人たちは、給付基準の適正化と水準の引き下げ、不正防止の徹底を訴える。そして「本当に必要とされる人だけに給付せよ」と叫ぶ。

だが実際は、「本当に必要とされる人」のごく一部しか受給できていない状況にあるのではないか。

不正受給を検証する

ここで、いわゆる「不正受給」についても触れておこう。

生活保護の「不正受給」をめぐる報道が相次ぐ。

2012年7月28日には仙台市内に住む土木作業員が、収入を申告せずに生活保護費計約185万円をだまし取ったとして逮捕された。

7月31日には、徳島県内に住む暴力団関係者の男が、自ら経営する会社から収入を得ていながら、やはり収入を申告せず、前年9月〜当年5月にわたって生活保護費約135万円を不正に受給したとして逮捕されている。

8月2日には、アルバイト生活で困窮しているように見せかけて生活保護費約435万円を不正に受給したとして、大阪府内の元看護助手が詐欺などの疑いで逮捕された。この元看護助手は病院での収入を隠し、実際には勤務していない喫茶店のゴム印を勝手に使ってアルバイトをしているかのように給与明細書を偽造したという。

過去を遡《さかのぼ》れば、2億円もの生活保護費をだまし取っていた北海道の暴力団関係者や、1000万円以上の年収がありながら不正に生活保護を受けていた大阪府内の露天商の男など、不正事例は枚挙にいとまがない。

こうしたことから、生活保護の分野ではさも不正が横行しているようにも思えてしまうのだが、実際はどうなのだろうか。

厚生労働省は12年3月、不適切な受給数の調査結果を発表した。それによると、2010年度における不正受給額は128億7425万円。なかなかの数字である。ただし、全体の受給額のなかで占める割合は0・38パーセントに過ぎない。誤解を恐れずに言えば、実に微々たるものなのである。

ケースワーカーとして働いた経験を持つ花園大学社会福祉学部の吉永純教授は、「もちろん、私だって悪質な不正は許せないが」と前置きしたうえで、「不正受給について、メディアは大騒ぎしすぎだ」と指摘する。

「私の経験から言っても、不正とされるものの多くは、働いて得た給与を申告しなかったケースが圧倒的に多いし、その大半は無知や誤解からくるもの。臨時的なアルバイトを申告しなかった、という程度の話が多いんです。しかもこうしたケースは結局、税務調査であっさりとバレてしまいます。給与明細を偽造してまで不正に受給する人がニュースになるくらいですから、ごくわずかしかいないですよ。後になって事情を聞いてみれば、『臨時雇いであれば申告しなくてもいいと思った』と話す人がほとんどです。こうした例が、暴力団員の不正受給と同列に語られてしまうわけです」

前出、大阪市内のケースワーカーも次のように言う。

「もちろん我々にバレていない収入というものもあるかもしれない。課税されない収入、たとえば風俗などの仕事を隠れてやってしまえば、よほどのことがない限り、把握されることはないですからね。ですから厚労省の発表した数字よりも、実際の不正はもう少し多いんじゃないかな、という気はします。

ですが、それでも私たちが日常的に接している不正は、悪質とは言い切れないものが多い。私が知っている限りで一番多いのは、保護世帯における高校生のアルバイトですね。本来、世帯全員の収入を申告しなければならないのですが、高校生のアルバイトなどは申告しなくてもよいと思っている人も多い。ただ、これも多くは課税調査によって後に発覚するものですから、計画的な悪事というには程遠いですね」

暴力団員の「不正受給」も、世間で想像されるほどには多くはない――そう話すのは、東京都内の別のケースワーカーだ。

「そもそも今の時代、暴力団員が生活保護を簡単に受給できるほど甘くはないですよ。まず、暴力団員とわかった時点で受給はできません」

たとえば風体がどうみてもカタギに見えない場合、ケースワーカーは申請を受け付けた後に、最寄りの警察署に照会をかけるという。そこで現役の暴力団員だと判明すれば、即座にアウトだ。

なかには刺青があっても、あるいは小指がなくても、すでに暴力団を抜けている場合もある。だが本人がそう主張しても、通常ケースワーカーはそれを鵜呑みにすることはない。

「警察への照会だけでなく、〝現役〟ではないことを、しっかり証明してもらいます。組から破門されたというのであれば破門状や脱会届を持参してもらう。そのうえで『更正計画書』や、暴力団との付き合いを絶つといった『誓約書』も提出してもらいます」

カタギであることの証明という、なんともしんどい作業が待っているのだ。

いずれにしても、悪質な事例は、我々が考えているよりはずっと少ないのは確かなようである。

扶養義務強化の弊害

だが、時代は「河本騒動」以降、生活保護における扶養義務強化の流れに向かっている。厚生労働省は2012年の春、扶養が困難な理由を証明する義務を親族に課すなどの「運用厳格化」の方針を打ち出した。

すでに扶養関係の徹底調査に踏み切ったのが大阪市だ。7月9日、同市生活福祉部保護課長名による「業務連絡」を各区の保護担当者に送付した。新たに受給を申請する者だけでなく、現在の被保護者も含めた全保護者に対し、徹底した扶養義務調査をおこなうよう指示した内容となっている。文書にはさらにファミリーツリー（家系図）までもが添付され、被保護世帯に親族名をそこに書き込ませるよう促しているのだ。

前出・大生連の大口事務局長は「呆れてものも言えない」と憤る。

「要するに徹底的に親族を〝洗い〟、扶養義務を強制しようとする政策。こんなんでは親族トラブルが発生するだけでなく、ますます親族への遠慮が働き、生活困窮者の受給への道を困難にさせてしまいますよ」

扶養義務厳格化の行き着く先にはなにがあるか。たとえば結婚する際に相手の親族に生活保護受給者がいないかどうか、といったことがひとつの条件になりかねない。

前出の小久保弁護士は、同年、わずかばかりの現金が同封された手紙を受け取った。差出人に心当たりはない。読んでみると扶養義務の厳格化方針によって家族関係にひびが入ってしまったと訴える男性からのものだった。

以下、手紙の一部を引用する。

〈私には30年以上会っていない父親がいます。その父親が大阪市内に居住し、生活保護受給者であることを5年ほど前に親族から聞きました。（略）そんななか、橋下大阪市長が扶養義務者の勤務先等を調べて、扶養義務を果たしてもらうと発表しました。（略）妻には話しておくべきだろうと上記の事実を伝えました。（略）妻はそれ以降、嘔吐を繰り返すようになり、その不安を自分の両親に話したようです。

ある日、仕事中、妻からのメールで、実家に帰りますと連絡がありました。退社後、すぐに妻の実家に向かいました。義父が対応してくれました。私には悪いが、娘の状況と孫の将来を考えると、私には預けることができないと言われました。受給者の家庭だと、後ろ指を指されるようなことは我慢できない、と。（略）その心情はよくわかります。私はいま、30年以上も会っていない父親の一日も早い死を願う恐ろしい人間です〉

手紙の最後には、生活保護受給者のために活動している小久保弁護士に、活動費の足しにしてほしいと、金を同封した理由が記されていた。当の小久保弁護士が話す。

「扶養義務の厳格化は、この手紙の主と同じような悲劇を各地でもたらすに違いありません。2割程度の捕捉率しかない生活保護のハードルが、ますます高くなってしまうということです」

市が申請を断ったワケ

そう、世間で言われるほどに生活保護の受給は簡単ではない。

大阪府・岸和田市。30度を超える猛暑にあって、部屋の中にエアコンはなかった。扇風機が乾いた音を立てて回っているだけである。築40年を超える木造平屋建て。風呂はない。

夕方、永田幸雄さん（仮名・39歳）は汗だくになって仕事から戻ってきた。2011年、ようやく夕刊配達の仕事を見つけた。

「中卒だし運転免許もない。この時代、仕事探しは本当に大変です」

そう言いながらタオルで汗を拭う。

妻のみどりさん（仮名・47歳）は昨年までクリーニング店で働いていたが、事業縮小によってリストラに遭った。もともと膝に持病を抱えていたが、いまはそれが悪化し、ときに歩くことも困難になる。年齢のせいもあり当然、仕事は見つからない。

この夫婦が初めて生活保護申請のために市役所の生活福祉部保護課を訪ねたのは08年5月のことであった。

二人とも家電メーカーの工場で派遣社員として働いていたが、リーマンショックでクビを切られた。ハローワークに日参し、求人情報誌を集め、必死の求職活動をおこなったが、仕事は見つからなかった。そのうち家賃を滞納し、所持金は1000円を切った。電気と水道は「生きていた」が、ガスは止められた。

そこで仕方なく、市役所を訪ねたのである。

生活保護を受けることは可能かと恐る恐る聞いた。

担当者は窓口で立ったまま「若いんだし健康そうだから、すぐに仕事が見つかりますよ」と、けんもほろろの対応だった。

その後、夫婦は手持ちの家電製品やCDを売ったり、同じ市内の府営住宅に住んでいる妻の母親から食料を援助してもらうなどしたが、もちろん現金はすぐに底をつく。

そこで再度、市役所へ生活保護の申請に出向くのだが、結果は「稼働能力の不活用」を理由に却下。さらに続けて何度も申請を試みたが、5回連続で同様の理由をもって却下されるのであった。

「仕事は見つからない。生保は断られる。ぼく自身はともかく、妻にみじめな思いを強いているのだと思うと、つらくてしかたなかったです。ほんま、死にたいとさえ考えました」

それにしても、なぜにこのような状況にありながら生保の申請が通らないのか。永田さん夫婦は地元の市民団体を通して、弁護士に市への審査請求を依頼した。

これに対し市側が提出してきた「裁決書」の「結論」部分は次のように記されていた。

〈請求人は平成20年4月に6日、5月に6日、7月に7日、1カ月間に平均7日間の求職活動を行い、妻は同年4月に9回、5月に7回、6月に5回、7月に5回、1カ月で平均6・5日の求職活動をおこなっているものの、1カ月のうち土日を除いて月20日間あまりとして、3日に1度の求職活動であり、その他、記載されていない求職活動があることを考慮しても、なお少なくない時間が求職活動に当てられていないと見るほかなく、真摯に求職活動を行っているとまで見ることはできない〉

「結果を見て愕然としましたよ」と永田さんは当時を振り返る。

「これだけ求職活動に走り回っても、『真摯ではない』と判断されたわけですからね」

結局、申請に出向くこと6回。最初の申請から1年以上経過してからようやく受給決定が下された。

「しかし、どうしても過去の却下処分に納得がいかんのです。いったい真摯な求職活動とは何なのか。どこまでやれば認められるのか。僕らにくだされた却下処分は、どう考えても生活保護法の主旨に反してると思うのです」

そこで夫婦は09年11月、慰謝料などを求めて市を提訴した。

「僕らの事例を見ていただければわかるように、ラクして簡単に生保が受給できるなんて嘘ですよ。僕らのような目に遭ってる人、おそらくはたくさんいるんだと思うんです。そうした人たちのためにも、きっちり決着つけなあかんなと考えているんです」

夕刊配達の収入は月に4万円ほど。妻はたまの内職で1万円ほどを得る。生活保護からは家賃（2万5000円）を含めた4万2000円が支給されている。

そこから水道光熱費などを差し引けば、手元に残る現金は月に4万円ほどだ。

「外食なんてめったにできないし、銭湯代も高いので、週に2度しか風呂に入りません。毎日、タライに水を張って体を流していますよ。もちろんいまでも、仕事は探していますよ。こんな生活をしていても『生保で甘えてる』といった非難の声をぶつけられることもあります。しかしねえ、こんな生活が果たしてうらやましいといえるんでしょうかねえ」

私は何も答えることができなかった。

永田さんは続ける。

「憲法25条。すべて国民は、健康で文化的な最低限度の生活を営む権利を有する、ってやつですわ。あれは何のためにあるんですかねえ。いまでこそ最低ぎりぎりの生活を送っていますけれど、生保もらえるまでは法律の枠外に置かれていましたからね。そんな人、多いんちゃいますか」

その「枠外」に置かれ、最低限度の生活どころか、実際に命を落としてしまったのが、まさに札幌で孤独死した姉妹であったのだろう。

「働いて返せ」と唱える区長

関係者の間では俗に「青本《あおほん》」と呼ばれる。

正式名称は「生活保護手帳」。全国のケースワーカー、役所の生保事務担当者にとっては必携の書だ。運用規則から運用事例、担当者の心得までが記された同書は、全777ページ、厚さは4センチにもなる。

生保に関した相談があると、担当者はまず、同書を相談テーブルの上にドンと置き、それから話を進める。

主に運用上のマニュアルとして使われる「青本」であるが、同書の冒頭に記された生活保護法の条文は、ベテランであればあるほど、目を通す機会も減ってくる。それがもっとも大事な、いや、守るべき原理であるにもかかわらず、だ。

生活保護法・第一条　この法律は、日本国憲法第二十五条に規定する理念に基き、国が生活に困窮するすべての国民に対し、その困窮の程度に応じ、必要な保護を行い、その最低限度の生活を保障するとともに、その自立を助長することを目的とする。

第二条　すべて国民は、この法律の定める要件を満たす限り、この法律による保護（以下『保護』という）を、無差別平等に受けることができる。

ここで明確に謳《うた》われているのは、国家の責任と国民の権利である。生活保護とは、けっして温情による施《ほどこ》しではない。ましてや恥ずべきものでは絶対にないはずだ。

だが、世間の生活保護に対する不信感や嫌悪感を背景に、バックラッシュ（反発）の波は止まらない。いまや権利と義務の立ち位置は逆転しつつあるのではないか。

そんな思いでいるときに奇妙な文章を目にすることとなった。

大阪市鶴見区の都倉尚吾区長が２０１２年８月１日、同区のＨＰ《ホームページ》に掲載した「鶴見区が抱える課題と、その解決方法について」なる一文である。

都倉区長は元関西電力社員で、当時の橋下大阪市長が音頭を取った「区長公募」によって選ばれた人物である。前述の文章は、区長就任にあたっての、いわば所信表明のような形で掲載された。

全体としてはかなりの長文であるが、この中から生活保護に関する「区長方針」部分のみ以下に抜き書きする。

・日本の憲法はいわば国民の権利を保護する〃権利の章典〃であり、極めて美しいコンセプトをうたっている。しかし残念ながら権利の主張に重点が置かれ、それにかかるコストをどう担保するかという視点についてはバランスを欠いていると言わざるを得ない。〃もらう100円とあげる100円は価値が異なる〃という至極あたりまえで身近な感覚が容れられていない。（略）たとえば月15万円の生活保護費は、もらう側のありがたさと、払う側のいたみを、比べた場合、はるかに払う側の負担感が強いはずである。
・保護を受ける人々が、できる限りサービスの提供する側にまわっていただくことで、保護費を単なる支出として認識するのではなく、サービスの提供に対する対価と認識すれば、払う方も、払われる方も、より喜びがもてる。サービスの提供分野は介護、保護、子どもの世話、夜の見回り、公共施設の点検管理、まちや施設の清掃、ごみの分別、給食の補助等々さまざまな分野が考えられる。政府や自治体から支払われる単なるコストではなく、受給者による労働の対価と捉える。

民間からの転身ということで、張り切りすぎという勢いもあるのだろう。

だが、都倉区長の論理は、完全に生活保護法の精神を逸脱している。「払う側の負担感」を強調し、そのうえ生活保護を「労働の対価」に置こうとしているのだ。

それが本当にできるのであれば、最初から公務労働分野で雇用の受け皿をつくればよいだけではないか。

私はそこに、生保受給者への偏見、あるいは懲罰的施策のニオイを感じざるを得なかった。

「いやあ、少しばかり直截《ちよくせつ》的な書き方になってしまったかなあとも思っているんです」

鶴見区役所。区長室で対面した都倉区長は、こちらが拍子抜けするくらい快活に応じた。

紺色のポロシャツから日焼けした腕が伸びる。ヨットが趣味というだけあって、52歳という年齢を感じさせない若々しさがある。

「もらう100円とあげる100円は価値が異なる」といった点について、都倉区長は次のように〝解説〟した。

「生活保護は、もらう側からすればありがたいものかもしれませんが、それは税金から出ているんですよ、ということを認識してもらいたいわけなんです。受給者の側も、最初はありがたいと思っていても、常態化すれば、金の価値が軽くなってくる」

その「金の価値」を理解してもらうために持ち出したのが、「生活保護を労働やサービスの対価に」という主張だった。

「一人でも多くの方に、もらう側から払う側になっていただきたい、ということです。自らが痛みを感じることのない過剰な権利意識というのは抑制されるべきだと思いますし、やはりなによりも税収が減っていくにあたって、財政のことも真剣に考えなければいけない」

なにかとんでもないことを話しているのではないかとの意識はあったが、都倉区長はあまりに屈託なく話を続けるので、その場において、私のほうが勝手に問題意識を抱えてしまったのではないかという錯覚すら感じたほどだ。

だが指摘しておかねばならない。都倉区長もまた、生活保護の内実をきわめてステロタイプなイメージで固めている。それはたとえば私との雑談のなかで地域コミュニティの重要性に話が及んだ際、「地域がしっかりしていれば生活保護は出ない」と口にしたことからもわかる。何の制度的保障もない地域コミュニティだけで解決できるほどに現代の貧困は甘くない。都倉区長の論理もやはり、生保は恥だという概念に覆われている。

むろん、そこには新任行政マンとしての気負いもあったかもしれない。大阪市の生活保護率（人口1000人当たりの保護人数）は32パーミルと、全国ナンバーワンの高さである。行政マンとしては確かに避けて通ることのできない問題だ。

林立する「福祉アパート」

その大阪市の保護率を上げている街がある。

西成区のあいりん地区。またの名を、釜ヶ崎。言わずと知れた日本最大の寄せ場だ。面積わずか0・62平方キロの場所に、路上生活者も含めて約1万人が生活している。そのうち4人に1人が生活保護の受給者とも言われる。

私は10年ぶりにこの場所を訪ねたが、以前と比べて風景が微妙に変化していることに気が付いた。

この街の象徴ともいうべき簡易宿泊所（カンシュク）が、大きく数を減らしているのであった。代わりに目立つのは「福祉相談」「生活保護相談」の看板が掲げられた、いわゆる「福祉アパート」である。

「この10年ほどの間でカンシュクの多くが福祉アパートに姿を変えましたね。まあ、いってみれば、釜ヶ崎における生保受給率の高さは、これが大きな要因であるのは事実です」

そう話すのは同地で長きにわたって炊き出しなどのボランティアを続ける男性だ。

「要するに生活保護受給者専門のワンルームですよ。受給を条件に入居してもらうのが原則です。家賃は多くの場合月額4万2000円。これは大阪市が定めた生活保護における家賃補助の上限金額なんです」

現在、釜ヶ崎には約60軒の福祉アパートが確認されている。そのほかに、福祉アパートと同じ形態でありながら、生活面での支援も盛り込んだ「サポーティブハウス」と呼ばれるアパートも20軒ほどある。いずれもカンシュクからの転身だ。

なぜ、この手の福祉アパートが増えたのか。

先のボランティア男性が続ける。

「ひとつには、カンシュクの客が減ってきたという事情もあります。公共工事の削減や建設不況によって、1泊1000円程度のカンシュクに泊まることもできない労働者が増加しました。そのうえ労働者の高齢化が進み、さらに雇用環境が悪化します。カンシュクに泊まることのできない労働者は、結局、路上生活に入るしかなかったんです。そこに目を付けたのが、一部のカンシュク経営者なんですね。業態を生保受給者のためのアパートに変えたところ、大成功を収めたわけです」

入居者を生保受給者に絞ったところがミソである。大阪市は他の大都市同様、生活保護を受けるためには、住居が必要であった。そのために本来であればもっとも保護が必要であるはずの路上生活者が、保護を受けることのできない状況だったのだ。この矛盾をビジネスに転用したのが、釜ヶ崎の先駆的なカンシュク経営者である。

まず、従来のカンシュクをアパートに改造し（各部屋に電気メーターをとりつけるなど）、野宿者に入居を決めてもらう。そのうえで生活保護申請などを手伝い、受給資格を得たら保護費の範囲内で家賃を徴収するのだ。敷金、礼金などの費用は取らない。そのかわり入居者が生保を受給し続ける限り、家賃の取りはぐれは少ない。また、野宿者にとっても負担なくアパートへ入居できるので、必ずしも悪い話ではない。

「一部のカンシュクが成功を収めると、他の経営者もわっとそこに続いた。一時は野宿者の取り合いになったほどです」

最近では暴力団関係者なども、福祉アパートの経営に乗り出しているという。

こうした「福祉ブーム」もあり、野宿者は激減した一方、生活保護受給者は一気に増えたのである。

また、福祉アパートに専門のスタッフを常駐させ、様々な生活支援をおこなうサポーティブハウスは、主に障害を持った人や高齢者に人気だ。

誰が野宿者を救うのか

釜ヶ崎の玄関口、あいりん職安の近くでサポーティブハウス「メゾンドヴュー・コスモ」を経営する山田尚実さんも、父親の代から経営してきたカンシュクを、00年にサポーティブハウスに変えた。

「きっかけは、やはり不況によってカンシュク経営に陰りがさしたからですね。この業態ならば釜ヶ崎のオッチャンたちも安心して生活できるんじゃないかと思ったんです」

全120室の部屋は、ほぼ満室状態。

成功しているんですねえ。思わずそう反応したら、ちょっと怖い目でにらまれた。

「この商売、それなりに大変なんです」

山田さんは一般的な福祉アパートの経営者とは違い、野宿者を取り合うような競争には加わらない。入居者のほとんどが、地域のNPOやボランティア団体からの紹介である。

「ですから入居者の多くが高齢者や障害者。そうした方々をお世話させていただくわけですから、細心の注意を払っています」

生活保護申請の手伝いや福祉相談だけではない。病人が多いので服薬管理をする。2日以上顔を見ていない入居者は安否確認のために部屋を訪ねる。入居者本人から要望があれば金銭管理もする。通院にも付き添う。入院することになった入居者には見舞いも欠かさない。亡くなった場合には責任をもって葬儀をおこなう。

「私たちのことを貧困ビジネスだと指摘する人もいますが、いったい何を言うのかと思います。基本的にアパートと同じですから家賃以外は徴収していませんし、そもそも愛すべき釜ヶ崎のオッチャンたちから搾取《さくしゅ》しようなどとは考えたこともありません」

実は、私も当初は福祉アパートにせよ、サポーティブハウスにせよ、これらを「貧困ビジネス」としてとらえていた。野宿者を無理やりにかき集め、生保を受給させ、その一部をピンハネしているかのようなイメージがあったのだ。

もちろん、そうした業者は存在する。福祉アパートにもサポーティブハウスにも、金儲け本位の経営者がいるのだと言う者もいる。

ただ、こうした業者が一掃されてしまった場合、せめて雨露をしのげる部屋がほしいと望む野宿者に、いったい誰が手を差し伸べるというのか。

長年にわたり釜ヶ崎で労働運動を続け、NPO法人釜ヶ崎支援機構の理事長を務める山田實氏は、「釜ヶ崎における生保受給者の増加は、すべて政府の無策が招いた結果」だと指摘する。

「この街は、日本の経済成長を、日雇い労働という底辺から支えてきた。あの橋はワシがつくった、あのビルはワシがつくった、そんな話ができる労働者が大勢いるんです。そんな人たちが高齢者となり、しかも産業構造の転換も相まって、結局は仕事からアブれていく。かつて釜ヶ崎は日本社会のセーフティネットだったんです。何を失っても、ここに来ればなんとかなった。しかしいま、寄せ場というセーフティネットがまるで機能していない。となれば生保へ行くしかないじゃないですか」

その手助けをしているのが、世間からは「貧困ビジネス」だと指摘されることも多い人々なのだ。

先のボランティア男性も言う。

「受給者からピンハネするような業者は排除すべきです。ですが、そんな業者も含めて、本来行政がすべきことを代わりにやってきたとも言えるのではないでしょうか。それに生保といえど、その金の一部はこの街に落ちていくんです。地域経済の一翼を担ってもいるんですよ。社会へ十分に還元されているという見方があってもいい」

だからこの街では「河本騒動」に対しては、むしろ河本に同情する声も少なくない。

「メゾンドヴュー・コスモ」の山田さんは言う。

「あの騒動が起きてから、なんとなく落ち着かない入居者も多いんです。様々な事情を抱えた彼らからすれば、子どもに生活の支援をしてもらうなど、もってのほか。たとえ子どもがどんなに大金持ちになっていたとしても、絶対に連絡などとってほしくないと願っている人ばかりなんですよ。扶養義務の厳格化が叫ばれるなか、『家族に連絡されたら、どうしたらいいのか』と心配顔で尋ねてくる人もいました」

政治に望まれているもの

釜ヶ崎を取材した晩、私は特別に「メゾンドヴューー・コスモ」の空き部屋に宿泊させてもらった。

3畳一間の殺風景な部屋は、カンシュク時代と変わらない。トイレ、大浴場が共同なのもカンシュクと同じだ。

風呂上がり、1階の談話室で入居者の男性（70代）とテレビの野球中継を観ながら、長椅子に並んでタバコを吸った。

2年前まで男性は野宿者だったという。身体を壊して動けなくなったところを地元のNPOに助けられ、ここを紹介された。

口数の少ないこの男性は、「もう人生も終わりやし、最後にここへ来ることができて幸せだ」と私に告げた。

「うん。そうですよね」。私はそう答えた。

それ以外にどんな答えがあるだろうか。

生保に甘えるな、そうなったのも自己責任だとでも言えば、生保バッシングに走る者たちの溜飲は下がるだろうか。

生活保護は様々な問題を抱えてはいるだろう。社会の高齢化が進み、厳しい雇用環境が続けば、さらに受給者は増えていく。それでいいのだと私は訴えるつもりなどない。

だからこそ——貧困対策こそ政治に望まれているのだと私は思う。

生保の受給者を、受給額を減らすには、本気でそれに取り組まなくてはならない。やみくもに締め上げるだけであれば、路上生活者を増やし、そして誰にも看取られることなく絶望のなかでひっそりと死んでいく者をも増やすことになりかねない。

「不正受給」よりも、そちらのほうがよほど恐ろしい。

そんな社会でよいのか。貧困が自己責任だと突き放され、福祉に頼ることが恥とされ、バカにされ、不正を疑われるような社会にしてしまってよいのか。

流布されるデマに基づいて貧困者が差別される現状は、ヘイトスピーチが抱える問題と根は一緒だ。それは社会的強者による排除の思想に他ならない。

これ以上、壊されてたまるか。人も、地域も、社会も。私は切実にそう思うのだ。

あとがき

ちきしょう、やりやがったな。

多くの場合、取材のきっかけなど、そんなものだ。ろくに調べることもしないで外に飛び出し、ただひたすら走り回る。

怒鳴られ、けなされ、笑われる。ときに不勉強をなじられ、恥をかく。あるいは〝見立て〟を誤り、手ぶらで帰る。

週刊誌記者の時代からそうしたことばかりを繰り返してきた。面倒なやつだと思われることはあっても、「できる記者」だったと評価されたことは、たぶん、ない。

それでも経験だけは重ねてきた。取材現場の空気と温度を小分けして、自分の中に積み上げてきた。

90年代後半に、初めて外国人労働者を取材した。日本の工場で働く技能実習生を追いかけているとき、「人権」の番外地に置かれた彼ら彼女らの悲痛な訴えに触れた。

そして、外国人という存在を敵視し、追い出そうとする者たちの存在を知った。気が付けば、排除と差別の〝気分〟が社会を覆うようになった。

そのうち差別者たちは沖縄にも矛先を向けた。2013年1月、沖縄県民によって東京・銀座でおこなわれた「オスプレイ配備反対」のデモに、レイシスト集団が「売国奴」と罵声を飛ばした。これに著名人や政治家、一部のメディアが同調した。デマやフェイクニュースを資源として、沖縄の反基地建設運動を貶める言説が流布されるようになった。

私の沖縄通いはそこから始まった。

私はそれまで、「沖縄問題」という文言を記事の中でも用いてきた。しかし、取材を重ねる中で、多くの人から教えられる中で、それが誤りであったことに気が付く。一方的に基地負担を強いられているばかりの沖縄に「問題」があるのではない、この状況を許容している日本社会こそが問題なのだと、理解するようになった。在日コリアンに対するヘイトスピーチを問題視する場合、けっして「在日問題」とは表現しない。同じことだ。となれば、問われるのは「日本」である。その日本をもっとも強く意識し、「民族」を強調している右翼は、なぜに他国の軍隊が常駐している沖縄に関して冷淡なのか。そうした疑問から、右翼の歴史も遡って取材した。

少なくともこの20年余、私の取材はすべてが地続きだ。私が選んだわけではない。道が繋がっている。

しかもそれは、輝ける未来を暗示するような、真っ平に整備されたものではなかった。

「地獄への道は善意で舗装されている」とも言われるが、道を埋め尽くしていたのは、むき出しの悪意だった。

凍てつく道を曲がった先には、憎悪の熱に焼き尽くされた道が待っていた。さらにその先の道には、人の心を傷つけるためだけに用意されたガラス片が飛び散った悪路が待っていた。

そして、沿道には必ず「愛国者」の姿があった。「愛国者」は叫ぶ。進め。戦え。守れ。追い出せ。吊るせ。

さて、行き着いた先には何があるのか。

私が差別を憎むのは、強靭な理念や確固たる思想があるからではない。差別の向こう側に、戦争と殺戮が見えるからだ。

そんな未来に進みたくない。殺すのも殺されるのも嫌だ。

だからこれからも書き続けるだろう。「愛国」の合唱に飲まれることなく、勇ましい言葉に引き寄せられることなく、排除の論理に絡めとられることなく。

本書に記したひとつひとつの原稿には、そうした私の小さな決意が込められている。

出版にあたっては、多くの方にご協力をいただいた。取材に答えてくださった方々には、あらためてお礼を申し上げたい。

そして出典元の担当編集者のみなさん、河出書房新社の阿部晴政さん、御援助いただいた向井徹さんに、心からの感謝を伝えたい。

ありがとうございました。

初出一覧（タイトルは変更している）

第一章　愛国という亡国
朝鮮総連銃撃事件―『ＡＥＲＡ』２０１８年3月12日号
民衆とともにある「本物の右翼」はいるのか―『サンデー毎日』２０１８年9月23日号
本土右翼が沖縄で反基地運動に奮戦中―『サンデー毎日』２０１７年8月6日号
森友学園理事長と右派市民団体の不可解な点と線―『サンデー毎日』２０１７年3月26日号
26歳の右翼活動家は、なぜ保守系出版社を襲撃したのか―『現代ビジネス』２０１８年7月19日号
「その先の右」へと走る自民党―宗教右派とネトウヨを取り込む愛国の道―『ノンフィクションの筆圧』（タグマ）２０１７年5月4日

第二章　移民を拒む移民国家
移民を拒む移民国家―『週刊金曜日』２０１９年1月25日号
国際交流の美名のもとで―『週刊東洋経済』２０１８年2月3日号
「僕を日本にいさせてください」―書き下ろし

第三章　デマと愛国・沖縄編
デマと愛国・沖縄編―『サンデー毎日』２０１８年11月25日号
無自覚な沖縄差別の深層―『ニューズウィーク日本版』２０１６年11月4日号
「嫌沖」の空気―『ＡＥＲＡ』２０１６年6月27日号

小池百合子の知られざる沖縄蔑視発言―『ノンフィクションの筆圧』（タグマ！）２０１７年7月13日号
野中広務の「沖縄への思い」とは何だったのか―『ノンフィクションの筆圧』（タグマ！）２０１８年1月26日号

第四章　時のなかの生
本田靖春、「拗ね者」と自称したノンフィクション作家―『Yahoo! ニュース』２０１９年3月30日配信
笹川陽平、父・良一の七光りの影―『ＺＡＩＴＥＮ』２０１９年2月号
池口恵観、「黒幕」と呼ばれた「炎の行者」―『文藝春秋』２０１３年8月号

第五章　ヘイトの現在地
ヘイトの現在地―『現代ビジネス』２０１５年5月18日号
ヘイトスピーチ包囲網―『現代ビジネス』２０１５年5月18日
ヘイトスピーチ解消法と「ニッポンの覚悟」―『サンデー毎日』２０１６年6月12日号
虐殺の事実を否定するのか―『サンデー毎日』２０１７年9月24日号
生活保護バッシングが映し出すもの―『g2』ＶＯＬ11（２０１２年10月）

＊本書に収録するにあたり、以上の初出原稿に大幅に加筆しました。

河出新書 010

愛国《あいこく》という名《な》の亡国《ぼうこく》

二〇一九年七月二〇日 初版印刷
二〇一九年七月三〇日 初版発行

著者 安《やす》田《だ》浩《こう》一《いち》
発行者 小野寺優
発行所 株式会社河出書房新社
〒一五一－〇〇五一 東京都渋谷区千駄ヶ谷二－三二－二
電話 〇三－三四〇四－一二〇一［営業］／〇三－三四〇四－八六一一［編集］
http://www.kawade.co.jp/
マーク tupera tupera
装幀 木庭貴信（オクターヴ）
印刷・製本 中央精版印刷株式会社
Printed in Japan ISBN978-4-309-63108-0

町山智浩・春日太一の日本映画講義

戦争・パニック映画編

町山智浩　春日太一
Machiyama Tomohiro　Kasuga Taichi

映画は知ってから見ると
百倍、面白くなる!
日本の映画語りを牽引する二人が
『人間の條件』『兵隊やくざ』
『日本のいちばん長い日』
『日本沈没』『新幹線大爆破』など
必見名画の魅力と見方を教えます!

ISBN978-4-309-63111-0

河出新書
011